Sammlung Göschen

Römische Rechtsgeschichte

Von

Dr. Robert von Mayr
Prof. an der Deutschen Universität Prag

III. Buch

Die Zeit des Reichs- und Volksrechtes

Berlin und Leipzig
G. J. Göschen'sche Verlagshandlung G. m. b. H.
1913

Druck
der Spamerschen
Buchdruckerei in Leipzig

Inhalt.

Drittes Buch.

Die Zeit des Reichs- und Volksrechtes
(von Hadrian bis Diokletian).

Erste Hälfte.

Das öffentliche Recht.

Erstes Kapitel: Die Quellen.

Die Geschichte der römischen Kaiserzeit des zweiten und dritten Jahrhunderts ist äußerst dürftig überliefert. Nur die griechische Literatur erfuhr in dieser Zeit eine reiche Nachblüte, während die römische immer mehr und mehr verdorrte. Die hellenisierende Richtung Hadrians und seiner Nachfolger kam eben auch in der Literatur zur Geltung. Die Anarchie und die Zersetzung des Reiches, die mit dem Sturze der severischen Dynastie begannen, machten dann die Literatur fast völlig verstummen. Erst das Erstarken der Reichsgewalt und die Neubegründung des Imperiums durch und seit Diokletian ließen auch die Literatur wieder zu kraftvollerer Entfaltung gelangen.

Die historische Literatur dieser Zeit war nicht bloß wie schon längst zweisprachig, lateinisch und griechisch. Sie war zwiespältig auch der Form, dem Inhalt und der Tendenz nach. In formeller Hinsicht war sie teils Historiographie in Fortsetzung der ehemaligen Annalistik, teils Biographie. Nach Inhalt und Tendenz war sie bald „höfisch-monarchisch", bald

„aristokratisch-senatorisch", seit Überwindung des politischen durch den religiösen Gegensatz bald heidnisch, bald christlich gefärbt. Das wenige, was erhalten ist, gewinnt nicht bloß darum an Wert, sondern namentlich auch dank dem Material, aus dem es zusammengetragen ist. Denn die schon in republikanischer Zeit üblich gewordene Veröffentlichung der politischen Tagesliteratur in Poesie und Prosa durch Lobschriften, Pamphlete, Reden, Briefe und Memoiren bot der Geschichtsschreibung eine wesentlich breitere Basis. Außerdem lieferten Autobiographien einzelner Herrscher und ihrer hervorragendsten Gehilfen, kaiserliche Erlasse, Senatsprotokolle, Berichte von Statthaltern, die offizielle Stadtzeitung von Rom, der Staatsanzeiger, eine Fülle von Stoff.

Das umfangreichste Geschichtswerk dieser Zeit ist die *Ῥωμαική ἱστορία* des bithynischen Senators Cassius Dio (um 155—225), die in achtzig Büchern die Geschichte Roms vom Ursprunge der Stadt bis zum Jahre 229 darstellt. Dio war der „Livius für Byzanz", aber so wenig wie dieser seiner Aufgabe gewachsen, wenn ihm auch als einem im Staatsdienst ergrauten hohen Beamten politisches Verständnis nicht fehlte. Die Bedeutung seiner Darstellung wächst naturgemäß, je näher er seiner eigenen Zeit kommt, etwa seit dem Tode Mark Aurels, besonders durch die interessanten Kultur- und Sittenbilder, die er hier entwirft. Jedenfalls überragt er seinen jüngeren Zeitgenossen Herodianos, der in acht Büchern die Zeit vom Tode Mark Aurels bis zum Regierungsantritte Gordians III. (238) schilderte.

Die Werke der gleichzeitigen Vertreter der lateinischen Geschichtsschreibung, des Anonymus, der die Hauptquelle für die erste Hälfte der Vitae der alsbald näher zu würdigenden Historia Augusta bildete, und des Marius Maximus (um 185—230), des Fortsetzers des Sueton als Biograph, sind verloren gegangen.

Als Vertreter der griechischen Geschichtschreibung des dritten Jahrhunderts ist vor allem der Athener P. Herennius Dexippos (etwa 210—273) zu nennen, dessen nicht erhaltene Werke, *τὰ μετὰ Ἀλέξανδρον* und *Σκυθικά*, eine Geschichte der Gotenstürme von Kaiser Philippus bis Aurelian sowie in einer *χρονικὴ ἱστορία* eine „summarische Weltgeschichte" von den ältesten Zeiten bis zum Jahre 269 gaben.

Eine ihrer Entstehung nach dunkle und in ihrem Werte stark angefochtene Quelle bilden die Biographien der Historia Augusta, der scriptores historiae Augustae, einer Sammlung der vitae der Kaiser von Hadrian bis Numerianus (117 bis 284). Mommsen nannte sie eine der elendsten Sudeleien, die wir aus dem Altertum haben. Wahrscheinlich handelt es sich um eine Kompilation (Fälschung) aus theodosianischer Zeit, die in der ersten Hälfte (bis Caracalla) vorwiegend auf den erwähnten Anonymus und auf Marius Maximus zurückging.

Der bedeutendste unter den älteren christlichen Schriftstellern, dessen Werke nicht bloß für die Geschichte des Christentums, sondern auch für die allgemeine Reichs- und Kulturgeschichte eine beachtenswerte Quelle bilden, war Tertullianus (um 150—230). Neben ihm verdient Sextus Julius Africanus Beachtung, der mit seinen unter Alexander Severus verfaßten *χρονογραφίαι* (für die Zeit bis 221) die christliche Chronographie begründete. Diese Chronographien entsprechen etwa unseren Geschichtstabellen. Es waren Geschichtsdarstellungen in tabellarischer Übersicht. Von Eratosthenes in Alexandria (Ende des dritten Jahrhunderts vor Chr.) für die griechische Geschichte begründet, wurde diese neue Wissenschaft gegen Ende der Republik von Castor aus Rhodus auf die Weltgeschichte ausgedehnt und von Phlegon aus Tralles, einem Freigelassenen Hadrians, der ein bis zum

Tode **Hadrians** reichendes Werk dieser Art unter dem Titel *Ὀλυμπιάδες* verfaßte, auf den Höhepunkt geführt, fand aber namentlich in der christlichen Literatur hervorragende Pflege, wo sie dem Altersbeweise der Apologeten zu Hilfe kommen sollte.

Des **Africanus** bedeutendster Nachfolger war **Eusebius** (geboren zwischen 260 und 264, gestorben wahrscheinlich 338), der Bischof von Cäsarea, der in seinen zwei Büchern Chronica (bis 325) seinen Vorgänger weit übertraf. Das Werk ist freilich nur in armenischer Übersetzung, das zweite Buch auch in der lateinischen Überarbeitung des **Hieronymus** (um 340—420) erhalten. **Eusebius** hinterließ uns überdies eine Kirchengeschichte (*ἐκκλησιαστικὴ ἱστορία*) in zehn Büchern, von den Anfängen bis auf **Konstantin**, die formell und inhaltlich neue Bahnen einschlug und vor allem die Urkunden möglichst getreu reden läßt. Sie trug ihm den Ehrentitel eines Herodot der Kirchengeschichte ein.

Damit ist die wichtigste Geschichtsliteratur dieser Zeit ziemlich erschöpft. Was folgt, gehört nicht bloß seiner Entstehungszeit, sondern auch seinem Hauptinhalte nach bereits einer späteren Zeit an. Auch die übrige Literatur dieser Periode ist für den Historiker wenig ergiebig. Überall überwucherte das Griechentum. Der reichsten Pflege erfreute sich die Philosophie, die in Gestalt des Stoizismus immer mehr zu einer allgemeinen Lebensweisheit abblaßte, aber als solche allerdings auch ihren Einfluß auf die Rechtsauffassung nicht verfehlte. Andererseits gewann das Christentum bereits auch unter den Gebildeten an Boden, zumal es von hervorragenden Schriftstellern verteidigt wurde. Im großen und ganzen war jedoch die Zeit eine solche des allgemeinen Verfalls der Kunst, Wissenschaft und Bildung.

Zu erwähnen ist etwa der von seiner Zeit stark überschätzte Rhetor **M. Cornelius Fronto** aus Cirta in Numidien (etwa 100—175), der Lehrer des M. Aurel und L. Verus, dessen in einem Palimpsest uns größtenteils erhaltener Briefwechsel mit Mark Aurel, „ein Gerede ohne Saft und Kraft", „ein abschreckendes Muster der Geschmacklosigkeit", zwar weder historische Nachrichten von Belang noch wichtige Züge aus dem sozialen Leben oder interessante literarische Mitteilungen, aber ebendarum ein (trauriges) Spiegelbild des Geistes jener Zeit bietet. Das älteste uns erhaltene Kunstwerk christlicher Literatur, die erste uns bekannte Apologie des Christentums ist des M. Minucius Felix Dialog Octavius, etwa aus der Zeit der Antonine. Gegen das Ende dieser Zeit (jedenfalls vor 402) schrieb Nonius Marcellus seine compendiosa doctrina per litteras, ein nach zufälliger Reihenfolge mechanisch zusammengestelltes lexikalisches Werk, das nach dem Untergange besserer Werke hauptsächlich wegen seiner Anführungen aus der älteren römischen Literatur von unschätzbarem Wert ist.

Bedeutendes wurde in dieser Zeit nur und gerade auf dem Gebiete der Rechtswissenschaft geleistet. Doch ist uns alles, was wir davon besitzen, bloß in Sammlungen späterer Zeit überliefert.

Gegenüber der dürftigen literarischen Überlieferung gewinnt das umfangreiche Material epigraphischer, papyrologischer, numismatischer und archäologischer Art als unmittelbares Zeugnis seiner Zeit um so höheren Wert. Die fest datierten oder datierbaren Urkunden auf Stein und Papier sowie die Münzen liefern ein wertvolles chronologisches Gerüste der Tatsachen. Die große Zahl der Ehren- und Grabinschriften mit ihrem cursus honorum, mit der Angabe der Ämterlaufbahnen, gestattet eine erhebliche Vertiefung der Personengeschichte, der Geschichte der staatlichen und militärischen Organisation und der Verwaltung des Reiches. Auf die Anführung von Einzelheiten kann um so mehr verzichtet werden, als das meiste dieser Art in bekannten Sammlungen (Corpus inscript. lat.; Corpus inscr. graec.; Inscriptiones graecae; zahlreiche Papyrussammlungen u. a. m.) vereinigt ist. Nur wegen ihres spezifisch juristischen Interesses seien, um von anderen weniger bedeutenden Erscheinungen abzusehen, die beiden rasch berühmt gewordenen Papyri erwähnt, die, der eine ein Reskript der Kaiser Severus und Caracalla (199) über die praescriptio longi temporis, der andere, die sogenannte constitutio Antonina, das Edikt Caracallas (212) über die allgemeine Bürgerrechtsverleihung enthalten, sowie das in Bulgarien auf Marmor entdeckte Reskript Gordians (238) an die Skaptoparener (in Thrazien), das weniger wegen seines Inhaltes als wegen seiner die Formalien der Reskripte klarlegenden Gestalt von Belang ist.

Zweites Kapitel: Die Menschen.

Mommsens geistreiche Beobachtung, daß „mehr noch als bei dem einzelnen Menschen" „bei dem Volksganzen von einem sehr frühen Stadium an die Entwicklung neben dem Steigen zugleich ein Sinken" bedeute, trifft für Rom ganz besonders zu. Schon in republikanischer Zeit nahmen hier die Umwandlung der alten Stadtbürgerschaft in eine staatsbürgerliche Gesamtheit und als Folge davon das Zurücktreten der Gemeinfreien gegenüber den privilegierten Ständen, die Vorherrschaft des Amtsadels und der Plutokratie, die Verdrängung des Bürgerheeres durch das Söldnerheer ihren Anfang. Diese Erscheinungen verstärkten sich naturgemäß unter dem tatsächlich schon von Haus aus mehr dem Absolutismus zuneigenden Prinzipat. Er öffnete die Staatsämter nur noch den Angehörigen der beiden privilegierten Stände, des Senatoren- und Ritterstandes. Er hob die bürgerliche Wehrpflicht auf und ersetzte sie durch ein stehendes Heer mit durchwegs zwanzigjähriger Dienstpflicht. Er versuchte die namentlich infolge dieser Heeresorganisation wesentlich gesteigerte Finanzlast durch Aufgabe der republikanischen Abgabenfreiheit des römischen Bürgers, durch Wiedereinführung des alten Tributums in Form einer fünfprozentigen Erbschaftssteuer ins Gleichgewicht zu bringen.

Mit voller Deutlichkeit trat diese eigentümliche Verbindung von Aufschwung und Niedergang jedoch erst unter der Herrschaft der beiden Kaiserhäuser zutage, die das römische Weltreich des zweiten und dritten Jahrhunderts beherrschten, unter den Antoninen und Severen. In dieser Zeit erreichte das Römertum insbesonders auf staatsrechtlichem Gebiete seine weiteste Ausdehnung. An der Donau, in Afrika und an den äußersten Ostgrenzen des Reiches entstanden neue Kolonien als Stützpunkte der Romanisierung, die immer weitere Gebiete mit römischem Wesen durchtränkte. Die allgemeine Verleihung des römischen Bürgerrechts durch Antoninus Caracalla verbreitete wenigstens äußerlich römisches Wesen und römische Nationalität über das ganze Reich. Andererseits verlor jedoch das Römertum gerade durch diese Umstände an Reinheit und Intensität, was es an Ausdehnung gewann. Seine Sprache und Kultur, seine Kunst und Wissenschaft wurden immer mehr entnationalisiert und von Barbarei erfaßt. Die vornehmen Kreise erlagen dem Hellenismus. Die breiteren Schichten des Volkes wurden durch das massenhafte Eindringen provinzieller Elemente zersetzt. Seinen sichtbaren Ausdruck fand dieses Schwinden des römischen Wesens vor allem darin, daß Italien selbst und allmählich auch Rom in eine provinzielle Stellung hinabgedrückt wurden.

Diese Verhältnisse konnten auf die ständische Gliederung nicht ohne Einfluß bleiben. Nach wie vor erhielten sich zwar allen Umwälzungen zum Trotz die alten Unterschiede. Sie vermehrten sich sogar infolge der Einrichtungen der Monarchie durch neue. Aber die stete Mischung einheimischen und fremden Blutes, das zunehmende Eindringen Fremder ins Römertum, die wachsende Aufnahme Unfreier selbst in die höheren Stände erzeugten einen durch den nivellierenden Einfluß der absoluten Monarchie beförderten Zersetzungs- und Mischungsprozeß, der dem gesamten Volksbild einen wesentlich veränderten Charakter verlieh.

Den Senatorenstand bildeten seit Augustus die Nobilität, die Familien, deren Vorfahren ein kurulisches Amt bekleidet hatten, und jene, denen das senatorische Standesrecht verliehen oder die in eine der drei unteren Rangklassen des Senates aufgenommen waren, mit ihren Gattinnen und agnatischen Nachkommen bis zum dritten Grade. Der Adel, die Zahl der geborenen Senatoren, der Senatoren von alter und edler Abkunft, nahm jedoch naturgemäß stetig ab. Mochte daher zwar die Wertschätzung des Adels trotzdem oder darum eher steigen als sinken, im Senat mußte sich von Geschlecht zu Geschlecht die Menge der Neulinge und Emporkömmlinge zusehends vermehren. Die Pflanzschule des Senates blieb zunächst die Ritterschaft. Die außerordentliche Verleihung des Senatssitzes erfolgte regelmäßig an Männer des Ritterstandes. Diese neuen Männer, die durch Geburt, Reichtum und Verdienst zu solcher Ehre gelangten, wurden aber nicht bloß aus der Ritterschaft Roms, sondern auch aus den Kolonien und Munizipien Italiens, bald auch aus den Provinzen geholt. Allmählich schwangen sich sogar manche durch Glück und Gunst nicht nur aus dem zweiten, sondern auch aus dem dritten Stand in den Senat empor. So mußte es auch Auswärtigen gelingen, den Senatssitz zu erreichen. Cäsar war es noch verübelt worden, daß er einige eben erst mit dem Bürgerrecht beschenkte Gallier in den Senat berief. Aber schon Vespasian hatte den durch die Bürgerkriege erschöpften Senat mit einem stärkeren Zusatz aus den Provinzen aufgefrischt, die ihm seitdem mehr und mehr die besten Kräfte zuführten. Griechen, Afrikaner und selbst die am wenigsten geachteten Asiaten erlangten Zutritt in den Senat. Nur die Ägypter blieben ausgeschlossen. Sie entbehrten das senatorische Recht noch im fünften Jahrhundert. Bloß die Alexandriner machten eine — allerdings vorwiegend nur theoretische — Ausnahme. Immerhin blieb es noch Regel, daß die kurulischen Ämter und namentlich das Konsulat mit Einheimischen besetzt werden sollten.

Der Senator wurde, wenn er es nicht schon war, zugleich römischer Stadtbürger. Er sollte Rom nicht wie „eine Herberge für vorübergehenden Aufenthalt" betrachten. Der Ritterstand war dagegen über das ganze Reich verbreitet und nahm daher gerade außerhalb Roms, in den Städten Italiens und der Provinzen, den ersten Platz ein. Kein Wunder, daß sich die Emporkömmlinge dazu drängten und daß die unbefugte Anmaßung der Ritterrechte an der Tagesordnung war. Der römische Ritter wurde nicht geboren, sondern gekoren. Gesetzlich gefordert war die freie Geburt. Schon an dem noch unter Tiberius neuerlich eingeschärften Ausschluß der Söhne von Freigelassenen wurde dagegen in der Folge nicht mehr festgehalten, und Freigelassene selbst wurden durch Verleihung des goldenen Ringes der Ritterrechte teilhaftig. Jederzeit konnte auch der niedrig Geborene das Ritterrecht erhalten. Doch war es dadurch, daß es vorzugsweise den Söhnen der angesehenen Häuser verliehen wurde, faktisch erblich. Auch wurden zwar anfänglich die entfernter wohnenden Bürger und namentlich die Provinzialen weniger berücksichtigt. Doch wurden bereits zu der großen Ergänzung der Ritterschaft nach dem Tode des Tiberius auch Nichtitaliker herangezogen. Das war dann später in stets steigendem Maße der Fall.

Was die soziale Stellung der Ritter betrifft, so eröffnete

ihnen die Neugestaltung des römischen Reichsbeamtenstandes durch Hadrian neben den alten neue Wege zu Glanz und Ansehen. Der Zutritt zum Ritteramte führte seitdem nicht mehr notwendig durch den Offiziersdienst. Vornehmlich gelehrte und vor allem juristische Befähigung ersetzten nun allmählich auch diese Voraussetzung. Der Jurist des Ritterstandes begann seine amtliche Laufbahn schon im zweiten Jahrhundert häufig statt im Militärdienst als besoldeter Assessor eines Provinzialstatthalters oder mit dem von Hadrian geschaffenen Amt eines Kronanwaltes (advocatus fisci), um dann in das consilium principis berufen und von dort aus zu den höheren ritterlichen Ämtern befördert zu werden. Es wurde geradezu Regel, zu den mit Gerichtsbarkeit verbundenen Ämtern nur solche zu befördern, die bereits als juristische Beisitzer fungiert hatten. Namentlich für den praefectus praetorio war seit dem dritten Jahrhundert Rechtskenntnis das Haupterfordernis. Schon vorher wurden die höchsten ritterlichen Stellen vornehmlich mit Rechtsgelehrten besetzt.

Die vorwiegend durch die Ämterhierarchie begründeten Rangverschiedenheiten innerhalb des ersten und zweiten Standes fanden ihre äußere Anerkennung schon in der allgemeinen Beamtenrangordnung der Kaiser Mark Aurel und L. Verus, die zugleich den davon Umschlossenen einen offiziellen Vorrang vor den Rittern einräumte, die nicht zu Staatsämtern gelangt waren, und diesen wiederum einen solchen vor den Plebejern, vor dem dritten Stande.

Innerhalb dieses dritten Standes machte sich die nivellierende Tendenz des Absolutismus besonders deutlich bemerkbar. Im Staatsdienste standen die Angehörigen des dritten Standes nur als Subalternbeamte (apparitores: scribae, lictores, viatores, praecones), die rechtlich bloß für die Amtsdauer des jeweiligen Magistrates, tatsächlich freilich meist lebenslänglich angestellt waren und sich daher auch in Korporationen (decuriae) zusammenschlossen. Im Militärdienste konnten sie es, vom Gemeinen auf dienend, regelmäßig nur zum Zenturiat, ausnahmsweise und höchstens zum Legionstribunat oder zur Präfektur einer Reiterabteilung bringen. Der Freigelassene galt zwar trotz Macht und Reichtums noch immer dem Freigeborenen nicht als ebenbürtig. Nur der zivile Subalterndienst, nicht auch der Militärdienst stand ihm offen. Aber ungeachtet der Mißbilligung, die es erregte, gelangten nun bereits nicht selten Söhne von Freigelassenen sogar in den Senat und zu kurulischen Ämtern. Vor allem verwendeten jedoch die Kaiser ihre Freigelassenen nicht bloß zu persönlichen Diensten, sondern auch als Vertreter in der Verwaltung von Einkünften und Instituten und zur Führung von Geschäften aller Art und förderten durch diese geflissentliche Mißachtung der Standesunterschiede die Nivellierung des dritten Standes. Endlich bildete die unaufhörliche massenhafte Einführung von Sklaven aus allen Teilen des Reiches und aus Barbarenländern, von denen jahraus jahrein Hunderte, ja Tausende die Freiheit erhielten und in den dritten Stand eintraten, eine der Hauptursachen für die Versetzung der römischen Bevölkerung mit fremden Elementen.

Der Abneigung und Eifersucht gegen diese fremden Elemente, der Geringschätzung „von allem, was außerhalb der Stadtmauer geboren war", machte zwar der Pöbel Roms noch in den letzten Zeiten durch tobenden Lärm im Schauspiele Luft. Aber der Prozeß der Entnationalisierung war unaufhaltsam, zumal seitdem die anfänglich in der Stammverwandtschaft begründete bevorzugte Stellung der Latiner von der Nationalität losgelöst und nicht bloß Italikern nichtlatinischen Stammes, sondern selbst Provinzialen zuteil wurde. Dazu kam die fortwährende Masseneinwanderung

Freier aus allen Provinzen. Am kaiserlichen Hof und in den vornehmen Häusern spielten Griechen die erste Rolle. Schon von diesen griechischsprechenden Eindringlingen, die zum Teile hervorragende Stellungen im Ritterstand, ja sogar Senatssitze und kurulische Ämter erlangten, stammten die wenigsten aus Hellas, die überwiegende Mehrheit aus Kleinasien und aus dem Orient. Auch die Juden spielten bereits eine große Rolle. Zugleich nahm durch die unaufhörliche Vermischung mit fremdem und unfreiem Blute die echtrömische und freigeborene Bevölkerung immer mehr ab. Diese Überflutung der römischen Bürgerschaft durch die Masse der Provinzialen und Freigelassenen kam namentlich auch in der Auflösung des ehedem festen Namensystems zum Ausdruck, indessen Verdrängung durch eine gesetzlose Viel- und Fremdnamigkeit.

Vollends hinderte der stete Rückgang des reinen Römertums eine gedeihliche Entwicklung der Romanisierungsversuche in den Provinzen. Ließ sich die rechtzeitig begonnene Latinisierung des Westens noch halbwegs durchführen, so war an eine solche des Ostens nicht zu denken. Hier faßte der Hellenismus stets festeren Fuß. Alles in allem flossen daher innerhalb der weiten Grenzen des Reiches die verschiedenen ethnisch einander fremden Bevölkerungselemente in bunter Mischung durcheinander, um durch die Gemeinsamkeit der religiösen und politischen Interessen, der wirtschaftlichen und gesellschaftlichen Ziele sowie durch die Bande der Ehe und Verwandtschaft immer mehr und mehr zu einem einheitlichen Ganzen zu verschmelzen.

Ihren sichtbaren Ausdruck fand diese Entwicklung in der berühmten constitutio Antonin(ian)a, in der durch einen glücklichen Papyrusfund jüngster Zeit uns dem Wortlaute nach bekannt gewordenen Verfügung Caracallas vom Jahre 212, durch die allen im Reichsverbande stehenden Nichtbürgern das römische Bürgerrecht verliehen wurde. Der erwähnte Fund hat die Vermutung bestätigt, daß Ulpians Bericht (in orbe Romano qui sunt ex constitutione imperatoris Antonini cives Romani effecti sunt) ungenau ist. Die Verleihung war vielmehr personell, „ohne daß dadurch die in den einzelnen Nichtbürgergemeinden bestehende Ordnung geändert ward". Die Konstitution schloß die Dedizier aus. Sind darunter, was die jüngste Forschung mehr als wahrscheinlich gemacht hat, die Kopfsteuerpflichtigen zu verstehen, so wäre das der größere Teil der Bewohner des römischen Reiches gewesen und daher auch noch nach Caracalla geblieben. Damit erhebt sich neben anderen vor allem das Problem, wann die Verleihung des Bürgerrechtes an diese „nachantoninischen Dedizier" stattgefunden habe. Justinian setzt sie bereits voraus. Ob als das Ergebnis eines langsamen Verschmelzungsprozesses oder kraft rechtlicher Veränderungen, muß freilich erst die Zukunft lehren.

Jedenfalls bedeutete Caracallas Verfügung das wichtigste Ereignis auf dem Gebiete der „Nationalitätenpolitik" seit dem Eintritte Gesamtitaliens in die civitas Romana, den Abschluß der Einheitsbestrebungen des römischen Imperialismus. Nationale Unterschiede und Gegensätze lassen sich jedoch nicht mit einem Federstriche beseitigen. Der Widerspruch zwischen der orientalisch gefärbten hellenischen Kultur des Ostens und Südens und dem im Norden und Westen durch Gesittung und Zivilisation der roheren Bevölkerungselemente stets neue Stützpunkte und Träger gewinnenden Romanismus blieb nicht bloß bestehen, sondern konsolidierte sich allmählich zu zwei großen geographisch abgegrenzten Kultursphären, zum hellenistischen Orient und zum romanischen Okzident, die zwar einander mannigfaltig und wechselseitig beeinflußten, aber doch beide ihr eigentümliches Wesen behaupteten, sich vor allem sprachlich schieden und schließlich noch in dieser Periode, unter Valerian und Gallienus (253) zur Auflösung der Reichseinheit führten.

Drittes Kapitel: Die Verhältnisse.

Aufzehrung des Kleinbesitzes durch den Großgrundbesitz, Verödung des Landes und Verstadtlichung des Wirtschaftslebens waren das wirtschaftliche Gepräge der frühen Kaiserzeit. Diese Erscheinungen verschärften sich in der Folge zur ausgebreitetsten Latifundienwirtschaft, zur Verdrängung des kleinen Freibauern durch den an die Scholle gefesselten Kolonat, zur Auflösung des städtischen Mittelstandes in ein völlig mittelloses Proletariat auf der einen, in schrankenlosen Reichtum auf der anderen Seite.

Abgesehen von den allezeit und überall gleichermaßen wirkenden Ursachen waren in Rom vor allem die Sklavenwirtschaft und die in der gesamten alten Welt herrschende Auffassung der Rentenziehung durch Grundbesitz als sicherste und vornehmste Art des Erwerbes für die Entwicklung des Großgrundbesitzes entscheidend. Unter diesen Einflüssen bildeten sich die Latifundien, wie die großen Besitzungen in der Kaiserzeit genannt zu werden pflegen, ebenso in den Provinzen wie in Italien aus. In Italien wurde die Entwicklung namentlich dadurch gefördert, daß die vermögenden Leute schon darum nach der Hauptstadt oder wenigstens nach Italien zogen, weil die politische Laufbahn nur dem in Italien ansässigen Reichsbürger eröffnet ward. Überdies schrieb Trajan ausdrücklich vor, daß wenigstens der Senator den dritten (später den vierten) Teil seines Vermögens in italischem Grundbesitz anzulegen habe. In den Provinzen steigerte sich der Großgrundbesitz zwar langsamer, aber nicht weniger stetig. Umgekehrt überwog hier schon früher und stärker als in Italien der Domänenbesitz, der dem Inhaber des Prinzipates zustehende, von ihm nach den Grundsätzen des Privatrechtes genutzte, dem Verkehr entzogene und dem jedesmaligen Nachfolger zu gleichem Recht überwiesene Bodenbesitz, den Kleinbesitz. Der über das ganze Reich verbreitete Großgrundbesitz wies überdies, unbeschadet der örtlichen Bedingtheit und der in den verschiedenen Teilen des Reiches verschiedenen Lebensgewohnheiten, eine gewisse Gleichartigkeit der Anlagen und Einrichtungen sowie der Wirtschaftsweise auf, so daß er zugleich einen der mächtigsten Träger der nivellierenden Zivilisation der Kaiserzeit bildete.

Wohl erkannte man von jeher die Gefahren des steten Rückganges des Kleinbesitzes, und es zeugt für den gesunden wirtschaftlichen Geist des römischen Rechtes, daß es der faktischen Konzentrierung des Großgrundbesitzes allezeit die rechtliche Geschlossenheit verweigerte, daß es stets an dem Grundsatze der freien Veräußerlichkeit, Teilbarkeit und Vererblichkeit des Grundbesitzes festhielt, daß es jeden Schritt in der Richtung einer Sicherung des Grundbesitzes für die Familie unterließ, daß es den Besitzwechsel von jeder staatlichen Übertragungsgebühr freihielt und damit die Rückbildung des Großgrundbesitzes zum Kleinbesitz offen ließ, die denn auch durch Erbteilung und Konkurs, durch Verkauf und Schenkung nicht in geringem Umfang erfolgte. Auch wurde in den Provinzen — in Italien waren die letzten verfügbaren Staatsländereien schon unter Domitian aufgeteilt worden — fortgesetzt durch Assignationen und Koloniegründungen Kleinbesitz ins Leben gerufen. Aber der Kleinbauer vermochte der Konkurrenz des Großgrundbesitzes auf die Dauer nicht standzuhalten. Er mußte sich immer mehr in die Abhängigkeit des Großgrundbesitzes begeben.

Allerdings war auch die Betriebsform des Großgrundbesitzes vorwiegend Kleinwirtschaft. Der Großbesitz, der mit seiner wachsenden Ausdehnung immer mehr auf die Eigenwirtschaft verzichtete, bediente sich infolge des zunehmenden Mangels an unfreien Arbeitern auch der Form der Großpacht so gut wie gar nicht. Er überließ vielmehr den Betrieb parzellenweise freien Zeitpächtern (colonus, manceps), bisweilen auch unfreien Männern (villicus). Regelmäßig beteiligte sich wohl die ganze Familie des Kolonen am Betrieb, und nicht selten mag der Sohn dem Vater in der Pacht gefolgt sein. Diese Art der Kleinwirtschaft bildete daher zwar keinen vollen Ersatz für den großenteils dadurch verdrängten Kleinbesitz. Aber sie bot doch zunächst Garantien für die Erhaltung wenigstens einer beschränkten Zahl freier Familien in gewisser wirtschaftlicher Selbständigkeit und gewährte sogar der wirtschaftlichen Stellung des Kolonen, den der Grundherr mit seiner Kapitalkraft stützte, größere Sicherheit, als die des Kleinbesitzers war.

Doch auch diese Vorteile wurden allmählich durch das stetige Wachsen der staatlichen Anforderungen an die Steuerträger hinfällig. Die Großgrundbesitzer sahen sich dadurch genötigt, ihre Pächter immer mehr zu bedrücken, so daß diese nicht selten gezwungen waren, das Pachtverhältnis aufzulösen. Vergeblich war der Versuch Hadrians, die Verödung des Landes durch Vergebung des infolgedessen brachliegenden Landes an kleine Erbpächter aufzuhalten. Auch das Edikt des Pertinax, das die Okkupation selbst kaiserlichen Landes durch Bearbeitung gestattete, blieb erfolglos. Wollte daher der Staat diese Steuerkraft erhalten, so mußte er den Pächter an die Scholle fesseln, ihn aber gleichzeitig gegen Überlastung durch Natural- und Geldleistungen schützen. Diesem Ziele diente der Kolonat (colonatus).

Ursprünglich hieß colonus jeder qui terram colit, später vornehmlich der Pächter fremden Landes. Wenn man jedoch von Kolonat spricht, meint man damit die rechtliche, wirtschaftliche und soziale Lage der Ackerbauern der spätrömischen Kaiserzeit, die Bindung des Bauern an die Scholle und seine der Leibeigenschaft vergleichbare Abhängigkeit vom Grundherrn. Dieser Zustand hat sich in den einzelnen Teilen des Reiches sehr verschieden entwickelt. Im Osten und in Ägypten stellte er den uralten Typus der staatlichen Agrarwirtschaft und des privaten Pachtverhältnisses dar und entwickelte sich hier organisch bis in die spätrömische Zeit. Im Westen vollzog sich die Entwicklung nicht überall gleich. Jedenfalls war sie aber hier stark vom Osten beeinflußt. Verhältnismäßig klar liegen die Dinge überhaupt nur für Ägypten, Afrika, Kleinasien und Italien.

In Ägypten war ehedem alles Land Königsland. Die Bewirtschaftung geschah durch Pächter, freie Leute, die in Dörfern wohnten und eine sehr beschränkte Selbstverwaltung genossen. Sie waren zwar nicht rechtlich an die Scholle, an ihr Heim (*ἰδία*) gebunden, aber als Prekaristen doch unter steter und sorgsamer Bewachung und zu allerlei Zwangsarbeiten, Hand- und Spanndiensten für den Staat verpflichtet, also von Leibeigenen nicht sehr verschieden. Daran wurde auch in der römischen Kaiserzeit grundsätzlich nichts geändert. Nur wurden in der Not der Zeit die Zwangsmittel gegen flüchtige Privatpächter und Staatsbauern verschärft. Auch wurden die privaten Pachtverträge immer mehr dem Muster der staatlichen Kontrakte nachgebildet, die ackerbautreibende Bevölkerung immer mehr an die Scholle gebunden und schließlich, was bisher nur auf administrativem Wege eingeschärft worden war, die Bindung an die *ἰδία* gesetzlich fixiert.

Wie in Ägypten, so ist auch in den übrigen Provinzen eine selbständige Entwicklung des Kolonates aus vorrömischen wirtschaftlichen und sozialen Zuständen teils festzustellen, teils vorauszusetzen. Barbarenansiedlungen mögen zur Verbreitung des Institutes beigetragen haben. Begründet haben sie es nirgends. Die agrarischen Verhältnisse wurden dann nur in römischer Zeit den Normen der römischen Verwaltung angepaßt. So trat allenthalben an Stelle der absterbenden Sklavenwirtschaft der Kolonat. Aus verschiedenen Wurzeln entsprungen, einerseits aus dem Staatsbauerntum, das in der orientalischen Leibeigenschaft fußte und allmählich der freien Pacht angenähert wurde, andererseits aus der freien Pacht, die sich zusehends dem Staatsbauerntum näherte, entwickelte er sich in den einzelnen Ländern sehr verschieden, nahm er verschiedene Namen und Gestalten an. Ebenso sah der Staat den Kolonen von verschiedenen Seiten an, in seinem Verhältnis zum Staat und in dem zum Grundherren. Darum die verschiedenen Bezeichnungen des Verhältnisses in den Rechtsquellen. Inquilinius oder colonus hieß der Kolone vom Standpunkt des Grundherrn, tributarius oder adscripticius von dem der Steuerverwaltung, originalis oder originarius von dem der Lehre über die *ἰδία*, plebs und populus plebeius nach seiner sozialen Stellung.

Dieselbe Kluft zwischen Besitzenden und Besitzlosen, die die agrarischen Verhältnisse dieser Zeit charakterisiert, trennte auch die Stadtbevölkerung in zwei Gruppen. Ein Vermögen von zwanzig Millionen Sesterzen galt schon unter Mark Aurel als mäßiger Reichtum. Der senatorische Zensus von einer Million bedeutete daher damals offenbar eine äußerste Grenze, die zumeist ansehnlich überschritten wurde. Freilich brachte dieser Reichtum auch entsprechende Lasten mit sich. Die öffentlichen Bauten, zumal die Luxusanlagen (Theater, Bäder usw.) wurden zum guten Teile von ihm bestritten. Die Ausspeisung der Klienten, die Versorgung der Freunde, die Bewirtung Mittelloser und Armer war seine Aufgabe. Liberalität war Standespflicht. Aber das vermochte der allgemeinen Notlage nicht zu steuern. Deshalb konnten auch die largitiones frumentariae nicht nur nicht beseitigt werden. Die Zahl der darum Werbenden nahm vielmehr ebenso stetig zu wie die der Anwärter auf die Alimentenstiftungen, und wie sich der Freibauer in stets zunehmendem Maße gezwungen sah, sich in den vererblichen Kolonat zu begeben, so trat an den Stadtbürger des dritten Standes immer häufiger die Nötigung heran, sich Erwerbszweigen zuzuwenden, die vordem Sache der Sklaven gewesen waren.

Kein Wunder daher, daß das gewerbsmäßige Geldverleihen nunmehr in Blüte kam und teils in der Form des Darlehens gegen Sicherstellung, teils in Gestalt der Beteiligung an Handels- und Industrieunternehmungen geradezu eine regelmäßige Erscheinung im Wirtschaftsbetriebe jedes vermögenden Mannes bildete. Die noch vom Diktator Cäsar verfügte, vorübergehend verlassene, aber anscheinend auch später festgehaltene Norm, die die Zinsleihe (in Rom und Italien) nur bis zu einer gewissen Quote des vom Gläubiger in italischem Grundbesitz angelegten Kapitals gestattete, mag zwar in erster Linie dem Kampf gegen die Überschuldung des Grundbesitzes gedient haben. Vor allem aber trug sie dazu bei, auch das Geldgeschäft zu einem Privileg des Großgrundbesitzes zu machen. Jedenfalls waren die großen Vermögen dieser Zeit vielfach die Frucht des Wuchers, war es der Wucher, der die Hauptschuld trug an der allgemeinen Verarmung.

Andererseits steigerte die Gunst der äußeren Verhältnisse, die Zusammenfassung der gesamten alten Welt zur staatlichen Einheit, zu einem einheitlichen Wirtschaftsgebiet und der überwiegend herrschende Friedenszustand, die Bedeutung von Handel und Gewerbe. Eine geordnete Rechtspflege, eine entwickelte Seeschiffahrt, ein großartiges System vortrefflicher Landstraßen gestatteten die Entwicklung eines schwunghaften Handels. Das Handwerk erfuhr eine lebhafte

Förderung ebenso in der Richtung fortgesetzter Ausbildung neuer Erwerbszweige wie in der einer stets zunehmenden Arbeitsteilung und Verfeinerung. In den Inschriften dieser Zeit begegnet man einer großen Masse von Handwerkerverbänden im ganzen Reiche, die eine bis in kleinste gehende Arbeitsteilung erkennen lassen. Sie waren, wie übrigens auch die Künstler, die Klein- und Großkaufleute, genossenschaftlich organisiert. Wenn sich trotzdem auf dieser Grundlage kein lebenskräftiger Mittelstand entwickelte, so war der Grund der, daß auch Handel und Gewerbe vorwiegend in den Händen der Reichen lagen, die sie nur zumeist nicht selbst, sondern durch ihre Sklaven und Freigelassenen oder durch abhängige Freie ausübten. Immerhin war dem Tüchtigen Gelegenheit geboten, auf diesem Wege zu Geld und Ansehen zu gelangen, seitdem gleich der Besoldung des öffentlichen Amtes auch die Entlohnung privater Dienstleistung und Arbeit nicht mehr als des freien Mannes unwürdig galt. Ein einschneidender Wandel der Anschauungen, der wie mancher andere im Grunde genommen auf den Prinzipat zurückging.

Die Änderung der sozialen Verhältnisse führte allmählich auch zu einer Änderung des Steuerwesens. Die Steuerquellen blieben zwar im großen und ganzen dieselben. Aber die Form der Steuerhebung erfuhr eine durchgreifende Änderung. Für die Steuerhebung sowohl wie für die Besteuerung überhaupt scheinen vor allem ägyptische Einrichtungen vorbildlich gewesen zu sein, die vielleicht schon der centesima rerum venalium und der Erbschaftssteuer als Muster gedient hatten. In Ägypten fand man namentlich auch zahlreiche Monopole vor. Eine zweite überaus ertrágnisreiche Quelle eröffnete sich dieser Zeit in der Domänenverpachtung. Die übliche Steuerhebung durch Vermittlung der Publikanengenossenschaften war schon von Cäsar modifiziert und unter den ersten Kaisern eingeschränkt worden.

An ihre Stelle traten immer mehr die Hebung durch die steuerpflichtige Gemeinde, die zugleich für die Aufbringung der Steuer verantwortlich war, und die Einsetzung eigener Finanzverwaltungen in den Provinzen. Unter Hadrian scheint die direkte Hebung auch schon für die Erbschaftssteuer eingeführt worden zu sein. Am längsten behauptete sich die Steuerpachtung für die Zölle und für die nutzbaren Bodenrechte des Staates. Die Steuerlast freilich wurde bei der zunehmenden Verarmung der breiten Bevölkerungsschichten immer drückender und mußte wiederholt durch Steuernachlässe gemildert werden.

Die soziale und wirtschaftliche Umgestaltung der Gesellschaft trat endlich auch in den geistigen Strömungen dieser Zeit deutlich zutage. Die vornehmen Kreise ergaben sich immer mehr den griechischen Einflüssen. Das Griechische wurde geradezu die Umgangssprache der vornehmen Gesellschaft. In demselben Maße verfiel die lateinische Sprache. Die lateinische Grammatik geriet in Unsicherheit. In die Literatur schlichen sich bereits Barbarismen ein. Hadrians, des „größten Bauherrn aller Zeiten", Anregung und Tätigkeit erweckte zwar eine letzte Blütezeit der Architektur und Plastik. Aber auch auf diesen Gebieten überwog der griechische und orientalische Einfluß. Die römische Kulturentwicklung war mit anderen Worten ein fortschreitender Hellenisierungsprozeß, der auch die originellste Seite des römischen Wesens, das Recht, ergriff. Die Überwindung des Nationalitätsprinzips durch den Gedanken der Universalität, in der Jhering die welthistorische Aufgabe Roms erkannte und die sich ihm zuerst in der Verbindung der Völker zur Einheit des Landes, dann in der Einheit der Kirche und schließlich in der Rezeption des römischen Rechtes offenbarte, war darum wohl nicht zum geringsten Teile die Frucht des Hellenismus.

Der bedeutsamste Wandel vollzog sich jedoch in dieser Zeit auf religiösem Gebiete. Noch hingen zwar der Kaiser und die tonangebenden Kreise im wesentlichen der alten Staatsreligion an, die sie sogar vielfach durch neue Gottheiten bereicherten. Aber das Christentum begann bereits festeren Fuß zu fassen. Es konnte sich schon nach Gemeinden organisieren. Die Not der Zeit war namentlich in den unteren Schichten dem Unsterblichkeitsgedanken überaus förderlich. Vor allem in den östlichen Provinzen machte das Christentum ungehinderte Fortschritte. Doch auch im Westen und Norden drang es allmählich vor. Selbst in der Literatur trat es bereits offen auf. Schon längst vor seinem endgültigen Siege, vor seiner Anerkennung als Staatsreligion machte es daher einen wesentlichen Faktor der allgemeinen Bildung und Lebensanschauung aus, dessen Einfluß sich auch die Rechtsauffassung dieser Zeit nicht völlig zu entziehen vermochte.

Viertes Kapitel: Der Staat.

Der Prinzipat wurzelte in der Auffassung seiner Stellung als Magistrat. Er lehnte die monarchische Idee, die in dem Herrscher „eine qualitativ über den Untertanen stehende und durch sich selbst zum Regiment berechtigte Persönlichkeit" erblickt, wenigstens offiziell ab. Allein wenn auch zunächst dem Herrscher mehr von anderen beigelegt als von ihm selbst in Anspruch genommen, kam seine monarchische Stellung doch schon sehr bald in dieser und jener Äußerung, in seiner Vergöttlichung, in der schon unter den ersten Kaisern üblich werdenden Anrede als dominus usw. zur Geltung. Einen entscheidenden Schritt in der legalen Ausgestaltung des Prinzipates zur Monarchie machte jedoch erst Hadrian. Was er begann, vollendete Septimius Severus.

Die einschneidendste staatsrechtliche Änderung in der Stellung des Prinzeps bedeutete vielleicht die — wenn der

Ausdruck gestattet ist — Neuordnung der Thronfolge durch Hadrian. Ein erblicher Anspruch auf die Herrschaft blieb zwar dem Staatsrechte der Kaiserzeit allezeit fremd. Ebensowenig kannte der Prinzipat die Designation des Nachfolgers. Unverwehrt war dem Prinzeps nur, einen Nachfolger vorzuschlagen. Doch auch dieser Vorschlag war formell ohne verbindliche Kraft, tatsächlich freilich meist entscheidend. Er galt naturgemäß zumeist dem Sohne. Fehlte es an einem solchen, so trat der Vorschlag regelmäßig in der Form der Adoption auf. Wenn mehrere dem Prinzeps verwandtschaftlich gleich nahe verbundene Anwärter vorhanden waren, so mußte sich der Prinzeps ausdrücklich für den einen oder anderen entscheiden. Hierfür schuf Hadrian eine feste Form in der Beschränkung des Cäsarnamens, des cognomen des julischen, des ersten Kaiserhauses, das bis dahin für die gesamte agnatische männliche Deszendenz des regierenden Hauses üblich gewesen war, auf den unmittelbaren Thronanwärter. Seitdem wurde der Name Cäsar nicht mehr durch Geburt oder durch Adoption erworben, sondern die Verleihung dieses Namens eröffnete formell die Aussicht auf die Thronfolge. Der Cäsar war als solcher nicht Magistrat noch Mitregent, sondern nur Thronerbe, die Beilegung des Namens, da das Vorschlagsrecht des Prinzeps an sich keine Veränderung erfuhr, allerdings wie bisher nur ein rechtlich unverbindlicher Vorschlag des derzeitigen Prinzeps für die dereinstige Wiederbesetzung seiner Stelle.

Hand in Hand mit dem Bestreben Hadrians, die kaiserliche Stellung zu festigen, ging seine der Macht des Senates abträgliche Reform der Verwaltung. Wohl wohnte er den Sitzungen des Senates regelmäßig bei. Auch ließ er es nicht an Akten des Wohlwollens gegen einzelne Senatoren fehlen. Aber er war bereits bestrebt, zur eigentlichen Leitung des Staates nicht ausschließlich Senatoren heranzuziehen, die

Senatoren und den Senat als solchen aus dem ihnen gebührenden Mitregiment zu verdrängen. Besonders deutlich zeigte sich diese Tendenz in seiner Reform des Staatsrates, des consilium principis, das er zu einer festen Organisation mit dauernd angestellten und besoldeten consiliarii Augusti ausgestaltete und vorwiegend mit Rittern besetzte.

Der Gedanke, den ersten durch den zweiten Stand in der Reichsregierung zu verdrängen, lag der großen Verwaltungsreform Hadrians offensichtlich zugrunde. Durch seine, die ganze damalige Welt umfassenden Reisen hatte er die verschiedenen Bedürfnisse der Untertanen aus eigener Anschauung kennen gelernt. Sie zu befriedigen waren neben umfassenden, das Heer entnationalisierenden Wehrreformen und neben zahlreichen Maßnahmen zur Hebung des Wohlstandes und der Sicherheit in den Provinzen vor allem seine Reformen des Finanzwesens, der Domanialverwaltung und des Reichsbeamtenwesens bestimmt. Die Staatseinnahmen wurden einer schärferen Kontrolle unterworfen, das laxe und träge System ihrer Verpachtung fast vollständig durch das der direkten Steuerhebung verdrängt, die Bewirtschaftung der Staatsländereien in eigener Regie zur Regel erhoben. Das Beamtenpersonal wurde bedeutend vermehrt, die Verwaltung des Reiches von der Privatwirtschaft des Herrschers getrennt, die Staatsbeamtenschaft von dem kaiserlichen Gesinde geschieden. Die Freigelassenen wurden in allen höheren Verwaltungsposten durch Ritter ersetzt, denen damit eine nach Gehalt und Rang festgeregelte Laufbahn eröffnet wurde.

Um den durch die Vermehrung der Beamten in den verschiedenen Zweigen der Verwaltung und durch den Ausschluß der Freigelassenen von allen nicht subalternen Stellen gesteigerten Bedarf an Beamten zu decken, mußte man zugleich, wie bereits bemerkt, von dem bisherigen Erfordernisse des vorausgegangenen Offiziersdienstes absehen. Dafür sprach auch die Erkenntnis, daß der Offizier keineswegs die geeigneten Kenntnisse für diese Zivilstellen mitbrachte. Das Bedürfnis ging nach einem in der Verwaltungspraxis geschulten Beamtenstand. Ihn schuf Hadrian, indem er juristische Vorbildung, eine solche Betätigung im Staatsdienst als Äquivalent für den Offiziersdienst gelten ließ. Wer als advocatus fisci, als Protokollführer eines praefectus praetorio, als Hilfsarbeiter im Staatsrate begonnen hatte, konnte nun ebenso wie der gewesene Offizier die höchsten Stellen der Ritterlaufbahn erreichen. Diese Organisation bewährte sich vortrefflich und blieb für die nächsten hundertfünfzig Jahre maßgebend.

Das lebhafte Interesse Hadrians für die Provinzen ließ ihn zwar Rom und Italien nicht vernachlässigen. Aber seine Tätigkeit bewegte sich hier bereits mehr in der Richtung eines Ausgleiches, einer Gleichstellung des Mutterlandes mit den Provinzen. Die schon erwähnte Beschränkung des Prätors auf die urbica dioecesis, die Einsetzung von vier Konsularen für die italische Rechtsprechung und manche andere Maßregel scheinen wenigstens die Absicht zu verraten, auch hier den Einfluß des Senates und der ordentlichen Magistrate zurückzudrängen, die Verwaltung größtenteils auch hier der unmittelbaren Aufsicht des Kaisers zu unterstellen.

Gemeinsam war demnach allen Reformen Hadrians der offene Bruch mit der Vergangenheit, der Verzicht auf den Schein der Dyarchie, die Konzentrierung der Regierungsgewalt in der Hand des Herrschers durch Schaffung eines neuen Beamtenstandes, dessen virtuose Entwicklung auf der anderen Seite in gleichem Maße den Verfall der Selbstverwaltung und der Gemeindefreiheit, dieser Grundpfeiler des alten Staatsrechtes, herbeiführte.

Vielleicht waren es vornehmlich ägyptische Vorbilder,

an die sich Hadrian in seiner umfassenden Tätigkeit als Reichsorganisator anlehnte. Ägypten war ja zwar längst vom Griechentum durchsetzt, aber doch nicht völlig der griechischen Organisation und Kultur erlegen. Darum sahen sich auch Augustus und seine Nachfolger genötigt, der ausgeprägten staatlichen Individualität des Nillandes Rechnung zu tragen, ihm eine Sonderstellung im Reiche vorzubehalten, die namentlich darin zum Ausdrucke kam, daß Ägypten jeder Einflußnahme des Senates entzogen, vom Prinzeps als „Kronland" im Sinne des ptolemäischen Königsregimentes autokratisch durch einen „Vizekönig", durch den praefectus (Alexandreae et) Aegypti (*ἔπαρχος, ἡγεμών*) ritterlichen Ranges regiert wurde, neben dem der iuridicus Alexandreae, der *δικαιοδότης*, etwa die Stellung eines legatus iuridicus hatte, der *ἐπίτροπος τοῦ ἰδίου λόγου* (kurzweg auch *ἴδιος λόγος* genannt) als oberster Leiter des Finanzwesens, der *ἀρχιδικάστης* im wesentlichen als „Archivdirektor" stand. Andererseits konnte der komplizierte staatliche Verwaltungsmechanismus, den das von jeher monarchisch-autokratisch regierte Ägypten ausgebildet hatte, der jungen römischen Verfassung in mancher Hinsicht zum Muster dienen. Schon Augustus scheint denn auch von den Einrichtungen des ptolemäischen Ägyptens mancherlei gelernt zu haben. Vor allem scheint aber der überhaupt „ägyptophile" Hadrian mehrfach an ägyptische Vorbilder angeknüpft zu haben. Sein ausschließlich im Zivildienste wurzelnder Berufsbeamtenstand, seine Gestaltung der ritterlichen Hofämter und des gesamten Hofdienstes, seine Einrichtung des kaiserlichen Staatsrates, seine Einteilung Italiens in vier Konsularbezirke erinnern wenigstens lebhaft an Ägyptens Beamtenorganisation und Hofverwaltung, an das ptolemäische *συνέδριον* und an die drei ägyptischen Epistrategien. Man hat deshalb Hadrian auch schon den

„Vollender des augusteischen Systems nach der monarchisch-autokratischen Seite unter ägyptischem Einflusse" genannt.

Hadrians Nachfolger wandelten in seinen Bahnen. Sie paßten ihr „wohlmeinendes, pflichttreues und landesväterlich fürsorgendes Regiment", von Commodus abgesehen, seinem Vorbild an. Die letzten Konsequenzen zog Septimius Severus (193–211), der vom Prinzipat des Augustus in der Tat nichts mehr übrigließ.

Von romanisierten Afrikanern abstammend, zuletzt mit einer Syrerin vermählt, stand er dem römischen Wesen fremd gegenüber. Durch das Heer auf den Thron erhoben, war und blieb er Soldatenkaiser. Diesen Charakter offenbarte er nicht nur in der Gewährung zahlreicher Vorrechte an Soldaten und Veteranen, von denen hier nur die Eröffnung der bis dahin den Italikern vorbehaltenen Garde für alle Veteranen erwähnt sei, weil sie ein wichtiges Glied in der Kette von Maßregeln zur Gleichstellung der Provinzen mit Italien bedeutete. Vor allem führte er den Titel proconsul im Gegensatze zur augusteischen Verfassung, die das prokonsularische Imperium von Rom und Italien ferngehalten wissen wollte, auch hier ein und brachte damit die Gleichstellung aller Reichsteile deutlich und schmerzlich zum Ausdruck. Derselben Tendenz entsprang die übrigens mit der sonst vorherrschenden Neigung zur Einschränkung der Gemeindeautonomie kontrastierende Ausdehnung des ius Italicum, der Grundsteuerfreiheit auf einzelne asiatische und afrikanische Städte.

Die Verdrängung des Senates aus seiner ehemaligen Machtstellung vollendete er bewußt und grundsätzlich, indem er es nicht bloß unterließ, die Bestätigung seiner Wahl durch den Senat anzusuchen, sondern ihm überhaupt das Recht der Ernennung von Beamten völlig entzog und die alte Trennung der Ämterlaufbahn für Senatoren und Ritter fast gänzlich beseitigte. Die Ausdehnung der Folter im Majestätsprozeß auf alle Stände und eine Reihe anderer Maßregeln ließen die ehemaligen Standesunterschiede allmählich fast völlig verschwinden, den Unterschied zwischen dem Kaiser und Herren auf der einen, den Dienern und Untertanen (subiecti) auf der anderen Seite immer deutlicher werden. Seit Severus drang denn auch die bis dahin nur mißbräuchlich geübte Ansprache des Kaisers als Dominus in die Ehrendenkmäler der Gemeinden und sonstigen Korporationen ein. Unter Aurelianus erschien sie bereits auf den Münzen.

In der Verwaltung der Provinzen verfolgte Severus in deutlicher und durchaus bewußter Weise die Politik der Zerschlagung der größeren Kommandos in kleinere. Überhaupt war sein Augenmerk auf die Beseitigung der alten Zweiteilung der Verwaltung gerichtet. Die allgemeine Bürgerrechtsverleihung durch Caracalla bedeutete daher nur die letzte Konsequenz des Regierungsprogramms seines Vaters.

Unter der kurzen und milden Regierung des Severus Alexander machte der Senat zwar noch einmal den Versuch, die ihm durch die augusteische Verfassung zugedachte Stellung wiederzuerlangen. Allein der Gang der Dinge war unaufhaltsam. Die Trennung der Zivil- und Militärverwaltung und die Ausschließung des Senates von allen höheren Stellen durch Gallienus (253—268) gab der augusteischen Dyarchie schließlich den Todesstoß.

Fünftes Kapitel: Das Recht.

Die wachsende Hinneigung des Prinzipates zum absoluten Kaiserregiment machte naturgemäß auch die Rechtszeugung immer mehr zur ausschließlichen Domäne des Herrschers.

Das Volksgesetz, die lex rogata, war schon in den Anfängen des Prinzipates verschwunden. Auch die lex data trat schon längst nur mehr als „kaiserliche Verordnung", namentlich in Gestalt der Bürgerrechtsverleihung, zumeist an ganze Gruppen von Soldaten, auf. Die betreffende Verfügung wurde wie ein Gesetz in Bronze auf dem Kapitol angeschlagen, dem einzelnen ein von Zeugen beglaubigter Auszug auf bronzenem Diptychon (bisweilen auch auf Wachstafeln) zu seiner Legitimation ausgehändigt (sogenannte Soldatendiplome). Ebenso gehören die leges dictae dieser Zeit ausschließlich der kaiserlichen Domänen- und Bergwerksverwaltung an (lex metalli Vipascensis, lex Manciana u. a. m.).

Das Gesetzgebungsrecht des Senates bestand zwar formell fort. Die Form des Senatsschlusses wurde sogar von den Kaisern bis ins dritte Jahrhundert für wichtigere legislative Neuerungen bevorzugt. Die nur selten von Kaisernamen entlehnte Bezeichnung der Senatuskonsulte beweist überdies, daß sie zumeist auf die Anträge von Beamten, vor allem der Konsuln, zurückgingen. Aber sachlich lag regelmäßig eine Botschaft (oratio) des Kaisers zugrunde, wie dem am 14. März 129 angenommenen sogenannten S. C. Iuventianum eine solche Hadrians vom 3. März. Nach Hadrian scheinen andere als vom Herrscher ausgegangene Gesetzesanträge gar nicht mehr vorgekommen zu sein.

Vollends die viva vox populi, das Edikt, war seit Hadrians Redaktion verstummt. Die formelle Kundmachung der Edikte läßt sich zwar noch bis ins dritte Jahrhundert verfolgen. Aber der Ediktsinhalt war im wesentlichen dauernd fixiert. Seit dem Verschwinden der Fremdenprätur zu Anfang des dritten Jahrhunderts und seit dem Erlöschen der Jurisdiktion des Prätors um dieselbe Zeit fielen dann die Edikte in Rom und wohl auch in den Provinzen völlig weg. Die neuen kaiserlichen Beamten besaßen zwar auch das Recht zum Erlaß allgemeiner Vorschriften in ihrem Ressort. Ihre Verordnungen waren vermutlich nicht einmal auf die Amtsdauer des jeweiligen Urhebers beschränkt. Aber selbst die praefecti praetorio hatten ein Verordnungsrecht nur mit der Beschränkung, daß es den Gesetzen und Konstitutionen nicht zuwiderlaufen durfte. Es erschöpfte sich daher, teils als Edikt an die Untertanen, teils als Verfügung an untergebene Beamte, in Erläuterungen und Ausführungsverordnungen.

Im großen und ganzen ruhte demnach die „Gesetzgebung" nunmehr ausschließlich in der Hand des Prinzeps. Die staatsrechtliche Grundlage dieses Zustandes bedarf keiner Erläuterung mehr. Auch die Formen der kaiserlichen Rechtsschöpfung blieben so ziemlich dieselben wie bisher (Edikte, Dekrete, Reskripte, Mandate).

In dieser Gesetzgebungstätigkeit wurde der Prinzeps durch sein consilium (mit bloß beratender Stimme) unterstützt, dessen Mitglieder, vielfach die hervorragendsten Juristen ihrer Zeit (Papinian, Paulus, Ulpian u. a. m.), den kaiserlichen Erlassen die Vorzüge der klassischen Rechtswissenschaft verbürgten. Sie wurden, wie alle Verfügungen der Kaiser, in commentarii eingetragen, die in der Reichskanzlei aufbewahrt wurden.

Die Ausfertigung erfolgte durch die kaiserlichen Kanzleien (ab epistulis, a libellis, a memoria). Beamte, Stadtgemeinden und Städteverbände erhielten sie in Form eines selbständigen kaiserlichen Schreibens, dessen Veröffentlichung in irgendeiner Form (durch öffentlichen Anschlag u. a. m.) den Beamten regelmäßig aufgetragen, den übrigen Genannten selbst überlassen wurde. Das an Private gerichtete, in die Form einer subscriptio zur Eingabe gekleidete Reskript wurde bisweilen dem Gesuchsteller im Original ausgehändigt. Gewöhnlich wurden jedoch solche Eingaben, wie das erhaltene Reskript Gordians an einen Vertreter der Skaptoparener zeigt, mit den darunter gesetzten Reskripten lediglich periodisch, zu einem liber libellorum rescriptorum vereinigt, in der Residenz des Kaisers öffentlich ausgehängt, um einerseits die Zustellung an die Partei zu ersparen, andererseits den „Gesetzesinhalt" der Reskripte zu allgemeiner Kenntnis zu bringen. Sache der einzelnen Partei war es dann, in Form einer Zeugnisurkunde beglaubigte Abschrift zu nehmen.

Die Konzentration der Rechtsschöpfung in der Hand des Herrschers bedeutete jedoch nicht zugleich Vereinheitlichung des Rechtsstoffes. Der Gegensatz zwischen ius civile und ius honorarium war durch die Ediktsredaktion Hadrians nicht einmal formell aufgehoben. Nach „exakter Auffassung" war selbst das aus kaiserlicher Rechtssatzung entspringende Recht bloß Amtsrecht. Aber dieses Recht galt tatsächlich legis vice, wurde dem ius civile gleichgestellt. Die produktive Kraft der Magistrate wurde dagegen schon seit den Anfängen der Kaiserzeit von dem Übergewichte des Prinzipates erdrückt und die Verschmelzung der beiden Rechtsmassen nunmehr durch die dauernde Fixierung des Ediktsinhaltes noch wesentlich gefördert. Im römischen Rechtsbewußtsein war der Gegensatz freilich so fest verankert, daß er noch im justinianischen Recht als vorhanden angenommen wurde, obwohl er hier durch die Publikation des gesamten alten Rechtes als Kaisergesetz in Gestalt der Digesten jede Existenzberechtigung verloren hatte. Praktisch spielte er schon jetzt keine Rolle mehr. Hingegen blieb der Gegensatz zwischen ius civile und ius gentium bestehen, solang es neben Bürgern auch Nichtbürger im Reiche gab, was nicht bloß vor, sondern auch nach der constitutio Antonina in nicht zu unterschätzendem Umfange der Fall war. Immerhin verlor auch dieser Gegensatz immer mehr an Schärfe und Bedeutung, da sich die beiden Rechtsmassen innerlich immer mehr einander näherten und miteinander ausglichen und selbst der Grundsatz der Beschränkung des ius gentium auf das Vermögensrecht durch eine Reihe gewichtiger Ausnahmen zugunsten des Familien- und Erbrechtes durchlöchert wurde: Etwa seit Africanus wurde das Anklagerecht des julischen Ehebruchgesetzes dem römischen Ehemann auch gegen seine peregrinische Gattin gewährt. Deportation der Frau löste in severischer Zeit angeblich — vermutlich liegt eine Interpolation vor — nicht die Ehe, sondern ließ sie ipso iure als „internationale" Ehe fortbestehen. Soldaten durften schon im zweiten Jahrhundert kraft kaiserlicher Mandate zugunsten Peregriner testieren u. a. m.

Jedenfalls blieb aber das römische Recht nach wie vor vom Personalitätsprinzip in Form des persönlichen Gemeinderechtes beherrscht. Auch jetzt noch wurzelte die Reichsverfassung in der munizipalen Selbstverwaltung, war das Reich eine Summe von städtischen Gemeinwesen, Politien, πόλεις. Für die Rechtsentwicklung bedeutsam wurde es daher namentlich, daß vornehmlich in der Ländern hellenischer Zivilisation schon zur Zeit der römischen Eroberung, bei Einrichtung der römischen Provinzen ein reich entwickeltes Städtewesen vorhanden war, das zumeist seine überkommene Verfassung beibehielt. Denn die Zahl der freien Reichsstädte, der civitates liberae ac foederatae und der civitates liberae schlechtweg, wurde zwar stetig verringert und dadurch etwa seit dem Ende des zweiten Jahrhunderts eine stereotype Gleichförmigkeit im Verhältnisse der Städte zum Reich erzielt. Aber auch in den staatsrechtlich der vollen und ausschließlichen Gerichtsbarkeit der römischen Magistrate unterworfenen Untertanenstädten wurden die nationalen Eigentümlichkeiten tunlichst geschont. Das Privatrecht der unterworfenen Gemeinden wurde meist ausdrücklich in Geltung belassen, ihre Gerichte, unbeschadet der römischen Gerichtsbarkeit, für kleine Rechtsstreitigkeiten zwischen ihren Bürgern in erster Instanz weiter geduldet. Ein zweiter, nicht unbedeutender Faktor für die Pflege des heimischen Rechtes war in den hellenistischen Städten das Notariat, dessen man sich vielfach schon beim Abschlusse von Rechtsgeschäften bediente. Endlich trug das römische Gericht selbst diesem persönlichen Gemeinderechte Rechnung, insofern es, dem Personalitätsprinzipe folgend, die Frage der Geschäftsfähigkeit, der persönlichen Freiheit oder Unfreiheit, Verlöbnis, Ehe und eheliches Güterrecht, väterliche Gewalt, Vormundschaft und Erbrecht ausschließlich und grundsätzlich nach dem Personalrechte beurteilte. Damit war in den ersten Jahrhunderten der Kaiserzeit namentlich in den östlichen Provinzen, wo die Gründung reiner römischer Städte selten und das Leben im großen und ganzen das alte hellenistische geblieben war, dem angestammten nationalen, dem Volksrecht ein weiter Spielraum gewährt.

Das Erstarken der Reichsidee, das stete Sinken der Gemeindeautonomie, die fast gewaltsame Umbildung der Gemeindeverfassung zu einem absoluten Staatsrecht des römischen Weltreiches, vor allem aber die durch Jahrhunderte fortgesetzte und stetig zunehmende Durchsetzung der einheimischen Bevölkerung mit römischen Elementen durch Handelsniederlassungen gebürtiger Italiker und durch Verleihung des Bürgerrechts an Provinzialen führten jedoch zu einer allmählichen Verdrängung dieser Volksrechte durch das Reichsrecht. Die Gesetzgebung, ehedem und nach römischer Staatsauffassung notwendig „Bürgerordnung“, wurde unter dem zentralistischen Regimente des Prinzipates immer mehr zur Reichsgesetzgebung. Man dehnte vielfach die republikanischen Gesetze auf die Provinzen aus. Man befürwortete bei unbestimmt redenden Gesetzen die weitere Geltung. Man erließ neue Gesetze für das ganze Reich. Die Senatsbeschlüsse richteten sich großenteils an alle Untertanen und griffen mitunter tief in das Privatrecht der Untertanengemeinden ein. Das Konstitutionenrecht nahm, soweit es als Rechtsquelle angesehen sein wollte, grundsätzlich Geltung für alle Untertanen, selbst in Widerspruch mit ihrem Lokalrecht, in Anspruch. Endlich fand römisches Verkehrsrecht, das „ungeschriebene Reichsrecht", nicht bloß im Verkehre zwischen Römern und Peregrinen und wohl auch zwischen Peregrinen verschiedener Gemeindezugehörigkeit, sondern sogar zwischen Peregrinen derselben Heimatgemeinde wenigstens vor dem römischen Richter dann Anwendung, wenn es sich um zwingendes Reichsrecht handelte oder — subsidiär — wenn das Heimatrecht versagte, wenn eine passende volksrechtliche Norm fehlte.

Ihren vorläufigen Abschluß fand diese Entwicklung durch die constitutio Antonina. Wurde zwar dadurch, wie bereits bemerkt, der Gegensatz zwischen Bürgern und Fremden keineswegs gänzlich beseitigt, so waren doch die Reste der Rechtsverschiedenheit seitdem verschwindend. Schon seit dem dritten Jahrhundert hießen sämtliche Bewohner des Reiches Romani. Die Sonderstellung der letzten Freistädte verschwand bis auf wenige Reste. Das römische Recht galt jetzt überwiegend als Personalrecht. Allein nicht bloß die namentlich auf dem Gebiete des Privatrechtes ziemlich seltenen und unbedeutenden Privilegien einzelner städtischer Gemeinwesen blieben trotzdem aufrecht. Auch das auf der Autonomie der Städte beruhende geschriebene und ungeschriebene Recht, das partikuläre Gewohnheitsrecht, wurde zwar nicht, wie eine Konstitution Alexanders Severus vermuten lassen könnte, unbedingt anerkannt, aber, wenn schon nicht als derogierendes, so doch als subsidiäres Gewohnheitsrecht zugelassen und durch die anscheinend unberührt gebliebene Niedergerichtsbarkeit der ehedem peregrinischen Städte in seiner Geltung gefördert. Andererseits trugen freilich die privaten Urkundspersonen, die tabelliones, deren sich die Parteien bei Abschluß von Rechtsgeschäften bedienten, durch ihre Kautelarjurisprudenz erheblich dazu bei, dem römischen Recht auch in den Provinzen zum Siege zu verhelfen. Alles in allem lag die Sache demnach jetzt so, daß das peregrinische Volksrecht nur mehr „die subsidiär eintretende Aushilfe", das römische Reichsrecht die Regel bildete.

Doch auch dieses römische Recht hatte mit dem klassischen Rechte der „römischen Rechtsschule" wenig gemein. Die römischen Bürger in der Provinz waren weit davon entfernt, das heimische Recht stets korrekt anzuwenden. Die Provinzialen waren, mochten sie auch römische Bürger geworden sein, nicht imstande, ihre alten Rechtsanschauungen spurlos aufzugeben und den schwierigen Formen des römischen Rechtes in vollem Maße gerecht zu werden. Zahlreiche Rechtsbelehrungen der Kaiser, die diese Erscheinungen bestätigen, versuchten zwar der Entartung dieses provinziellen Vulgarrechtes entgegenzutreten. Eine grundsätzliche Lösung der Zweifel über das Verhältnis des römischen zum einheimischen Rechte wurde jedoch weder durch die constitutio Antonina, noch durch die spätere Gesetzgebung versucht. Nur Konstantins zahlreiche Reformgesetze lassen sich etwa als Versuch einer eigentümlichen Reform der Gesetzgebung, als energischer Vorstoß des griechischen Rechtsbewußtseins gegen das römische auffassen. Allein auch diese Neubelebung des hellenistischen Rechtes wurde zwar der Stellung des römischen Rechtes nicht bloß für den Augenblick gefährlich, bedeutete jedoch keine endgültige Lösung des Konfliktes. Sie blieb der Rechtswissenschaft vorbehalten, die sie zwar nicht vollendete, aber doch energisch vorbereitete.

Die römische Rechtswissenschaft verlor niemals den Zusammenhang mit der Praxis. Lehre, Literatur und Anwendung des Rechtes wandelten hier nie getrennte Pfade. Der

Lehrer und Schriftsteller war zugleich Gutachter, Beisitzer der Magistrate und des Herrschers, Beamter. Dank dieser steten Verbindung von Theorie und Praxis beherrschte die römische Rechtswissenschaft wie die Rechtsanwendung so auch die Fortbildung des Rechtes. Die Juristen waren nicht bloß als Berater der Kaiser die geistigen Urheber der Gesetzgebung. Sie nahmen vielmehr kraft ihrer ausgebreiteten, durch Hadrian neu geordneten Gutachtertätigkeit auch auf die Anwendung und Fortbildung des Rechtes unmittelbaren Einfluß. Sie allein waren es schließlich, die das ius civile mit dem ius honorarium und den neuen Rechtsstoff des Kaiserrechtes mit dem bisherigen Rechte zu einer geistigen Einheit zu verarbeiten verstanden. Daß aber gerade die hervorragendsten Juristen dieser Zeit aus dem griechischen Osten stammten, kam nicht nur der Juristensprache zugute, deren Latein, „von der Barbarisierung der Westprovinzen nicht infiziert", in seiner klaren und schönen Sachlichkeit noch einmal die Größe und den Ernst römischen Wesens widerspiegelte, sondern war vor allem auch dem Ausgleiche zwischen Reichs- und Volksrecht förderlich.

Die volle Erfassung und erfolgreiche Lösung der vielseitigen Probleme, die Theorie und Praxis der Rechtswissenschaft dieser Zeit stellten, lassen sie in der Tat als den Höhepunkt der römischen Rechtswissenschaft, als klassische Jurisprudenz erscheinen, die sie etwa bis zum Tode des Alexander Severus blieb, um dann durch ein mehr der kompilatorischen Tätigkeit zugewandtes Epigonentum abgelöst zu werden.

Methode und literarische Erscheinungsform dieser klassischen Jurisprudenz waren im großen und ganzen dieselben wie früher. Nur vermehrten und erhöhten die Vielseitigkeit und Menge des den mannigfaltigsten Rechtsquellen entsprungenen Stoffs, den es zusammenzufassen und zu entfalten galt, ihre Aufgaben. Das Glück wollte es, daß die Zeit auch ihre Männer fand. Auch das Verdienst daran gebührt Hadrian, der durch seine Verwaltungsreform die Juristen für den Staatsdienst, für die Teilnahme am Staats- und Rechtsleben zu gewinnen verstand.

Zum Teile noch mit der Wirksamkeit des Gaius fällt die des Ulpius Marcellus zusammen, eines der Besten seiner Zeit, der als Konsiliar von Antoninus Pius und Mark Aurel in einer Reihe von Werken, namentlich in seinem Hauptwerke (digestorum libri XXXI) Scharfsinn mit Klarheit verband. Die Reihe der großen „Provinzialjuristen“ eröffnete Q. Cervidius Scävola, der Konsiliar Mark Aurels, der Lehrer des Paulus, Tryphonin und vielleicht auch Papinian, der anscheinend aus einer griechischen Provinz stammte. Auch sein Hauptwerk waren Digesten, eine der bedeutendsten Arbeiten der gesamten kasuistischen Literatur, im wesentlichen eine nach dem Ediktssystem geordnete Responsensammlung.

Ämilius Papinianus, etwa unter Antoninus Pius geboren, angeblich dem Kaiser Severus verschwägert und daher vielleicht syrischer Herkunft, seit 203 praefectus praetorio und 212 auf Caracallas Anstiften ermordet, weil er dessen Brudermord mißbilligt hatte, wurde von den Späteren als der größte römische Jurist gefeiert. Seine Größe bestand in der innigsten Verbindung von Theorie und Praxis, in der Verknüpfung griechischer Eleganz mit römischer Knappheit und Schärfe. Doch „wie an juristischer Genialität und lebendigem Gefühl für Recht und Sittlichkeit ohne Zweifel der erste“, so war er „zugleich in Gedanken und Sprache vielleicht der am wenigsten römische unter allen römischen Juristen“. Seine jüngeren Zeitgenossen Ulpian und Paulus übertrafen ihn zwar an literarischer Fruchtbarkeit. Aber an innerer Vollendung nahmen seine Werke — quaestionum l. 37, responsorum l. 19 u. a. m. — den ersten Rang ein.

Von den Zeitgenossen Papinians verdienen Callistratus, ein Grieche, der „das Lateinische nur stammelte“ und vorwiegend die Rechtsverhältnisse der hellenistischen Reichsteile in den Kreis seiner Betrachtungen zog, Claudius Tryphoninus, ein Konsiliar des Severus, der Halbgrieche Arrius Menander, ebenfalls Konsiliar des Severus und Caracalla, Tertullianus, der vielleicht identisch war mit dem Kirchenvater Q. Septimius Florens Tertullianus, vor allem aber Julius Paulus und Domitius Ulpianus Beachtung. Die schöpferische Kraft der römischen Rechtswissenschaft hatte jedoch mit Papinian ihren Höhepunkt erreicht. Das Programm seiner Nachfolger war vor allem die Verarbeitung des angehäuften Materials, die Kompilation.

Julius Paulus, ein Schüler Scävolas, Assessor des praefectus praetorio Papinian, Konsiliar des Severus oder Caracalla, neben Ulpian praefectus praetorio des Alexander Severus, ist unbekannter Herkunft. An Zahl seiner Schriften übertraf er die meisten römischen Juristen. Wir kennen außer seinen notae zu fremden Werken 86 Schriften in 319 Büchern, die das gesamte Rechtsgebiet umfaßten, Kommentare zum Edikt, ad Sabinum u. a. m. Wenn er auch vorwiegend vorhandenes Material zusammentrug, so zeigt er sich daneben doch auch in selbständiger Produktion als tüchtiger Jurist, in der Sichtung und Verarbeitung des fremden Stoffes als scharfer Kritiker. Mit Recht durfte ihn daher Modestinus zu den *κορυφαῖοι τῶν νομικῶν* rechnen.

Domitius Ulpianus, aus Tyrus in Phönizien stammend, wie Paulus Assessor Papinians und unter Alexander Severus zugleich mit jenem Prätorianerpräfekt und der vertrauteste Ratgeber Alexanders, wurde schließlich (228) von den Prätorianern wegen seiner unbequemen

Reformpläne ermordet. Seine literarische Tätigkeit fiel fast vollständig in die Regierungszeit Caracallas, vor die Zeit seiner großen Amtstätigkeit. Sie war anscheinend von vornherein darauf gerichtet, das gesamte Rechtsgebiet zu umfassen und eine erschöpfende Darstellung der einzelnen Materien für die Praxis zu geben. Auch seine Hauptwerke sind ein Kommentar zum Edikt und libri ad Sabinum. Die Fülle seiner literarischen Leistungen innerhalb einer verhältnismäßig kurzen Spanne Zeit brachte naturgemäß mancherlei Mängel, ungenügende Verarbeitung des Materials, Oberflächlichkeiten, Widersprüche und Wiederholungen mit sich. Trotzdem bleibt seine Beherrschung der gewaltigen Rechtsliteratur bewunderswert, seine scharfsinnige und selbständige Kritik unleugbar.

Alles in allem zeigt sich ein gewisser Parallelismus in der Tätigkeit dieser beiden letzten Vertreter der klassischen Rechtswissenschaft, der vielleicht nicht ganz frei von Eifersucht war. Wenigstens fällt es auf, daß der jüngere Ulpian den älteren Paulus nirgends nennt. Was Paulus etwa an Schärfe des Urteils und an Selbständigkeit gegenüber der älteren Literatur vor Ulpian voraus hatte, ersetzte dieser durch größere Gewandtheit und Flüssigkeit der Darstellung.

Mit Paulus und Ulpian hatte die römische Rechtswissenschaft bereits ihren Höhepunkt überschritten. Seitdem begann sie unaufhaltsam zu sinken. Sie erschöpfte sich fürderhin vollends in der Aufgabe, den von der Vergangenheit überkommenen Reichtum zu hüten und künftigen Geschlechtern zu überliefern. Wert genannt zu werden sind etwa noch Älius Marcianus, dessen Schriften vorwiegend in die Zeit bald nach Caracalla fallen, Ämilius Macer aus der Zeit von Caracalla bis Alexander Severus und als letzter namhafter Jurist dieser Zeit Herennius Modestinus, ein Schüler Ulpians, zwischen 226 und 244 praefectus vigilum in Rom. Auch seine Muttersprache war vielleicht das Griechische. Seine Schriften, vorwiegend Handbücher für Unterricht und Praxis, zwölf Bücher Pandekten, zehn Bücher Regeln u. a. m., scheinen in der Zeit unmittelbar nach Caracalla geschrieben zu sein. Vielleicht ist auch noch Hermogenianus mit seinen iuris epitomarum libri VI, einer Bearbeitung früherer Juristenschriften, hierher zu stellen, der zwar meist erst ins vierte Jahrhundert versetzt wird, aber seiner Sprache nach noch der klassischen Zeit anzugehören scheint.

Die juristische Literatur sollte den Rechtsunterricht nicht beseitigen. Sie ging vielmehr vielfach daraus hervor. Über Art und Gestalt dieses Unterrichts sind wir allerdings auch für diese Zeit nur dürftig unterrichtet. Vermutlich begann er mit einem kurzen Überblick über das Privatrecht (Institutionen), an den sich, wie später, die Erläuterung des Ediktes und des ius civile reihte, um ihn mit den von alters her üblichen Disputationen, teils im Kreise der Schüler, teils in öffentlichen Veranstaltungen abzuschließen. Dazu dienten wohl die stationes ius publice docentium aut respondentium, von denen Gellius berichtet und die man seit der Zeit des Antoninus Pius annehmen darf. Solche Rechtsschulen entstanden allmählich auch in den Provinzen (Beryt, Alexandria, Cäsarea, Athen). Sie dienten zwar nicht bloß Römern, sondern auch den Provinzialen als Bildungsstätten, wie umgekehrt schon längst die griechischen Philosophen- und Rhetorenschulen von Römern frequentiert wurden. Aber der Rechtsunterricht beschränkte sich nicht bloß in Rom, sondern auch in den Provinzen auf das römische Recht und trug dadurch erheblich bei zur Ausbreitung römischer Rechtskunde und römischer Rechtsanschauungen, zur Verdrängung des Volksrechtes oder doch wenigstens zu dessen Verschmelzung mit dem Reichsrechte.

Die Rechtspflege endlich wurde zwar mit dem zunehmenden Übergewicht des Herrschers schon in dieser Zeit immer mehr und mehr den ordentlichen Gerichtsbehörden entwunden. Immerhin galt noch immer der ordo iudiciorum privatorum als das ordentliche Verfahren, die cognitio extraordinaria als das außerordentliche, so daß deren Darstellung der Geschichte der späteren Zeit vorbehalten werden kann, in der sie bereits die ausschließliche Herrschaft übte.

Zweite Hälfte.

Das Privatrecht.

Erstes Kapitel: Personenrecht.

Schon die Auffindung des Rechtes von Gortyn auf Kreta (1884) ließ das griechische Recht in anderem Licht als vordem erscheinen. Die Fülle von Papyri, die systematische Grabungen in Ägypten neuerer Zeit fortgesetzt zutage fördern, brachte uns dann das hellenistische Recht zu ungeahnter konkreter Anschauung. Zugleich zeigte sich ein Einfluß dieses griechischen Rechtes auf das römische Recht der Kaiserzeit, wie man ihn bis dahin kaum geahnt hatte, ebenso in Gestalt direkter Rezeption griechischer Rechtsinstitute wie in der einer Beeinflussung des juristischen Denkens durch griechische Ideen. Der damit zur Erscheinung gelangte Prozeß war gleich anderen verwandten Erscheinungen kein zufälliger und kampfloser. Er war bedingt durch die Ausdehnung des römischen Imperiums auf weite Gebiete hellenistischer Kultur und griechischen Rechtes, und er vollzog sich im Kampfe zwischen dem angestammten oder angewöhnten griechischen Recht und dem mit dem römischen Bürgerrecht erworbenen stammfremden und ungewohnten römischen Recht. Erst aus einem langwierigen, teils rechtlich, teils praktisch geduldeten Nebeneinander des römischen Reichs- und des griechischen Volksrechtes entstand das hellenisierte römische Recht, wie es als schließliches Ergebnis in Justinians Kompilation vorliegt.

Diese Übergangszeit läßt sich etwa durch Hadrians Regierung einerseits, durch die Diokletians andererseits begrenzen. Bis zur Verallgemeinerung des römischen Bürgerrechts durch die constitutio Antonina sicherte schon das Personalitätsprinzip vielfach dem griechischen Rechte seine Geltung auch innerhalb der Grenzen des Reiches, bildete für die hellenistischen Untertanen die Anwendung des griechischen Volksrechtes die Regel. Seitdem kehrte sich das Verhältnis zwar grundsätzlich um, war das römische Reichsrecht die Norm, das griechische Volksrecht bloß „die subsidiär eintretende Aushilfe". Aber wie schon vordem auch dort, wo ordentlicherweise römisches Recht allein herrschen sollte, in den untertänigen Städten, im Gewande römischer Verordnung tatsächlich das angestammte Recht fortgeduldet wurde, so behauptete sich auch nachher noch in der praktischen Rechtsanwendung vielfach das heimische Recht. Es war eine Zeit des Rechtsdualismus von Reichsrecht und Volksrecht. Der Gesetzgebung und Wissenschaft oblag die schwierige Aufgabe, diesen Verhältnissen Rechnung zu tragen, das römische Recht den Zeitbedürfnissen entsprechend auszubauen und eine Verschmelzung beider Rechtssysteme anzubahnen. Unter diesem doppelten Gesichtswinkel zeigt sich das Recht dieser Zeit der historischen Betrachtung.

Die Bevölkerung schied sich zwar nach wie vor der constitutio Antonina in die beiden Gruppen der Bürger und Nichtbürger. Nach wie vor fand das ius civile nur auf jene, auf diese bloß das ius gentium Anwendung. Aber die Unterscheidung darf hiermit auf sich beruhen, nicht bloß weil die stete Angleichung des ius civile an das ius gentium den privatrechtlichen Unterschied immer mehr verwischte, sondern auch weil die Voraussetzungen für Erwerb und Verlust des Bürgerrechts in dieser Zeit keine bemerkenswerte Änderung mehr erfuhren.

Beachtenswerter sind bereits die Veränderungen der familienrechtlichen Struktur dieser Zeit. Vor allem bedeutete die constitutio Antonina eine gewaltige Ausdehnung des Kreises derer, die nun der römischen Ehe überhaupt fähig waren. Kaum weniger weittragend wäre die Aufhebung des Eheverbotes für Landsoldaten durch Septimius Severus gewesen, wenn die betreffende Mitteilung Herodians tatsächlich in diesem Sinne zu deuten wäre. Demgegenüber verschwinden die Einschränkungen des conubium, die Mark Aurel und Commodus zwischen Frauen senatorischen Standes und Freigelassenen, Severus und Caracalla zwischen Patronin und Freigelassenem festsetzten. Als volksrechtliche Eigentümlichkeit verdient die vom römischen Recht allezeit verpönte Geschwisterehe Erwähnung, die, altgriechisches Erbgut, dem Reichsrechte, freilich ohne rechtlichen Erfolg, faktisch und lange Zeit Trotz bot.

Schon in der frühen Kaiserzeit war die Manusehe stetig durch die Ehe ohne Manus zurückgedrängt worden. Nunmehr nahm diese „freie" Ehe immer mehr und mehr den Charakter eines Mann und Frau gleichmäßig berechtigenden, zweiseitigen Verhältnisses an, wie es schon in der prätorischen bonorum possessio zugunsten jedes der überlebenden Ehegatten zutage trat. Besonders deutlich äußerte sich diese Tendenz in der Neuregelung des Verhältnisses zwischen Mutter und Kindern, insofern nicht bloß ein zivilrechtliches Erbrecht zwischen ihnen anerkannt wurde, sondern die Mutter auch denselben Unterhalts- und Unterstützungsanspruch gegenüber den Söhnen erhielt wie der Vater und berechtigt wurde, dem interdictum de liberis exhibendis des Vaters unter Umständen eine exceptio entgegenzusetzen.

Geschlossen wurde die Ehe wie bisher formlos (affectus maritalis). Weder die verschiedenen üblichen Zeremonien (dextrarum iunctio etc.) noch die Errichtung eines Ehekontraktes (tabulae nuptiales, instrumentum dotale) waren für das Zustandekommen der Ehe wesentlich. Neque enim tabulae faciunt matrimonium. Die Reichsgesetzgebung hat die Notwendigkeit der Form „ohne Rücksicht, ja wahrscheinlich sogar in bewußtem Gegensatz zu der Sitte des Orients" immer bestritten. Eine abweichende Bestimmung für den Westen, daß ohne Bestellung einer dos keine gültige Ehe geschlossen werde könne, die „iniusta lex Maioriani", mußte bald wieder aufgehoben werden.

Das ägyptische Eherecht und vielleicht auch andere orientalische Gebiete unterschieden dagegen scharf zwischen ἔγγραφος und ἄγραφος γάμος, zwischen schriftlicher und schriftloser Ehe. Der ἄγραφος γάμος, bei dem übrigens auch schriftliche Abmachungen getroffen werden konnten, die nur vermutlich eben nicht die für die „Schriftehe" wesentlichen Bestimmungen enthielten, machte anscheinend die Gattin nicht zur Ehefrau, die Kinder nicht zu Erben, den Mann nicht zum κύριος der Frau und stellte wahrscheinlich beiden Teilen die jederzeitige Auflösung des Verhältnisses frei. Es war eine Ehe minderen Rechtes. Der ἔγγραφος γάμος erklärte die Frau zur Ehegattin, den ältesten Sohn oder die Kinder überhaupt zu Erben beider Eltern und bedingte die Bestellung eines Frauengeschenkes, (nur?) in den älteren (überlieferten) Urkunden auch die Zusicherung einer Scheidungsstrafe durch den Mann. Für die „Griechenehe" gestatten die Papyri die Vermutung, daß die Eheschließung nicht bloßer Privatakt war, sondern der standesamtlichen Anzeige und der religiösen Weihe bedurfte. Der bürgerliche Ehekontrakt enthielt hier ferner außer der Konsenserklärung regelmäßig eine Empfangsbestätigung über die φερνή der Frau, die Zusicherung ihrer Alimentierung u. a. m. Auch scheint einseitige Scheidung durch den Mann zwar nicht ausgeschlossen, aber mit Vermögensnachteilen bedroht gewesen zu sein.

Die Scheidung der römischen Ehe folgte den bisher geltenden Grundsätzen. Die Scheidung der Ehe des Sohnes durch den Vater kraft seiner väterlichen Gewalt, selbst gegen den Willen des Sohnes war schon längst außer Übung gekommen. Der Tochter gegenüber behauptete dagegen der Vater dieses Recht bis in die Zeit der Antonine. Seine Aufhebung wird von den Quellen bald Antoninus Pius, bald Mark Aurel zugeschrieben. Dieses Recht des Vaters war übrigens nichts spezifisch römisches. Besonders scharf war es im ägyptischen Recht ausgebildet, wo es ebenfalls erst durch römischen Einfluß gemildert wurde, der sich wohl auch erst die von Haus aus hier vielleicht gleichgültige Unterscheidung zwischen Schriftehe und schriftloser Ehe zunutze machte und das Recht dem Vater zunächst gegenüber der aus Schriftehe stammenden und in Schriftehe lebenden Tochter entzog.

Auch das eheliche Güterrecht erfuhr keine grundsätzliche Änderung. Die Herrschaft der freien Ehe festigte naturgemäß das Dotalsystem. Eine Konstitution von Severus und Caracalla ermächtigte die Obrigkeit unter Hinweis auf die lex Iulia ausdrücklich, den Vater oder Vormund zur Dotierung der Tochter zu zwingen. War der Zwang schon durch die lex Iulia selbst begründet, so handelte es sich jetzt wohl nur mehr um die Ausdehnung dieses Zwanges auf die Provinzen. Die Formen der Dotierung waren dieselben wie bisher. Auch die Rechte des Mannes an der dos während der Ehe und seine Verpflichtung zu deren Rückstellung kraft Rechtens (actio rei uxoriae) oder kraft Vereinbarung (actio ex stipulatu) änderten sich in dieser Zeit nicht wesentlich.

Um so eigenartiger war das hellenistische Volksrecht gestaltet, das nicht bloß um seiner selbst willen, sondern vor allem wegen seines Einflusses auf die spätere Gestaltung des Reichsrechtes Beachtung verdient. Die Mitgift, die φερνή, spielte in allen griechischen und gräkoägyptischen Eheverträgen eine bedeutsame Rolle. Sie enthielten regelmäßig neben der Bestätigung des Mannes über ihren Empfang eine ausführliche Regelung der Rückstellungsfrage. Die Mitgift wurde nicht Eigentum des Mannes. Er mußte sie nach Auflösung der Ehe jedenfalls herausgeben. Der Sicherung dieser Verpflichtung dienten vielleicht auch in erster Linie die vielfach auf Gütergemeinschaft gedeuteten, aber doch wohl nur als Verfügungsgemeinschaft zu verstehenden Bestimmungen einzelner Ehekontrakte, die für Veräußerungen jedes Ehegatten die Zustimmung des anderen, vor allem für solche des Mannes die der Frau verlangen. Die Mitgift bestand in Geld oder war mit Ausnahme der Grundstücke wenigstens in Geld geschätzt. Der Mann haftete daher jedenfalls für den Geldwert. Die Frau hatte jedoch das Recht, wenn es sich um Grundstücke handelte, sogar die Pflicht, das Vorhandene in Natur zurückzunehmen. „Frauengut soll nicht wachsen noch schwinden." Darum hatte die Frau andererseits während der Ehe kein Verfügungsrecht. Im Verhältnisse zu den Eltern galt die von ihnen herrührende Mitgift als Erbabfindung, die jeden weiteren Erbanspruch ausschloß, aber auch nicht an den Besteller zurückfiel, sondern auf die Kinder der Frau vererbt wurde. Die neben der *φερνή* erwähnten *παράφερνα* waren ein Vermögen der Frau, das zwar auch dem Mann übergeben wurde, aber etwa die Stellung eines „Vorbehaltgutes" der Frau einnahm. Dafür haftete der Mann nicht absolut, sondern nur wegen positiver Beschädigung und wohl auch, wenn sie ihm in spezielle Verwahrung gegeben waren. Ihr Inventar sollte der Frau nur bei Auflösung der Ehe den Eigentumsbeweis erleichtern. Zurückzugeben waren sie natürlich in diesem Fall ebenso wie die Mitgift, und zwar sofort, ohne Rücksicht auf die etwa für die Rückgabe der Mitgift vereinbarten Fristen. Schließlich ist auch noch mit einem Worte der Eheschenkungen zu gedenken, die schon in demotischen Eheverträgen als ägyptisches Recht erscheinen und im griechischen Recht wiederkehren. Sie bildeten die Wurzel der späteren donatio ante oder propter nuptias. Die „gemeine" Schenkung war natürlich auch im römischen Rechte von jeher unter Brautleuten heimisch, unterlag aber als solche auch bloß den Normen der Schenkung überhaupt.

Die patria potestas wurde wie bisher regelmäßig nur durch die Ehe begründet. Doch stellten schon die divi fratres (Mark Aurel und Lucius Verus) in einem Reskripte die Kinder, die aus einer Putativehe, aus einer ungültigen, aber wenigstens von einem Eheteile für gültig gehaltenen Ehe stammten, den ehelichen gleich. Dagegen übte der Konkubinat auch in dieser Zeit noch keine privatrechtliche Wirkung aus. Nicht einmal die nachträgliche Umwandlung des Verhältnisses in eine rechte Ehe änderte etwas daran. Die legitimatio per subsequens matrimonium gehört erst dem christlichen Kaiserrecht an.

Nach wie vor war außer der Zeugung in rechter Ehe Adoption der einzige Weg zur Begründung der väterlichen Gewalt. Form und Wirkung des Aktes erfuhren jedoch im Laufe der Zeit manche nicht unwesentliche Änderung. Die Arrogation durch Erklärung vor der nach Kurien geordneten Volksversammlung unter Mitwirkung der Pontifizes war Unmündigen und Frauen mangels der Komitialfähigkeit verschlossen. Darüber hatte man sich zwar schon früher gelegentlich hinweggesetzt. Aber erst Antoninus Pius gestattete grundsätzlich (ex epistula . . . quam scripsit pontificibus) die Arrogation Unmündiger. Ebenso berichtet Gajus, daß zu seiner Zeit bereits die Arrogation von Frauen apud praetorem vero vel in provinciis apud proconsulem legatumve üblich war. Dazu bedurfte es einer neuen Form, der (formlosen) Erklärung vor der Behörde oder eines rescriptum principis, das dann Diokletian zur Regel erhob. Dieses Verfahren verdrängte begreiflicherweise auch allmählich die Manzipationsform der Adoption. Die Mitwirkung der Behörde, die selbstverständlich nicht mechanisch, sondern nur nach Prüfung der Sachlage erfolgte, bot zugleich hinreichenden Schutz gegen Mißbräuche. Die wirksamste Maßregel dagegen traf aber ebenfalls schon Antoninus Pius, indem er das Vermögen des Arrogierten kraft einer anläßlich der Arrogation zu leistenden Kaution an ihn oder an dessen Familie zurückfallen ließ, wenn er vor erreichter Mündigkeit durch Emanzipation oder infolge Todes des Arrogierenden wieder sui iuris wurde oder selbst starb, und dem unmündigen Arrogierten die nach ihm benannte Quarta Antonina (divi Pii), den vierten Teil des Nachlasses des Arrogierenden, für den Fall zusicherte, daß er vor erreichter Mündigkeit ohne Grund emanzipiert oder enterbt wurde. Andererseits erfuhr die Adoption allmählich eine Abschwächung ihrer Wirkung insofern, als die Rechte des Adoptierten gegenüber seiner angestammten Familie nicht mehr dadurch berührt wurden. Ihre volle Wirkung äußerte diese Tendenz allerdings erst im späteren Rechte. Vorerst trat sie vornehmlich im Volksrechte zutage, wo Adoption und Arrogation völlig formlos (tabulis per tabellionem confectis) zustande kamen, die Begründung der väterlichen Gewalt gar nicht beabsichtigten, nur die Bedeutung eines „Zieh- und Erbvertrages" beanspruchten.

Aus volksrechtlichen Einflüssen erklärt sich auch die stete Abschwächung der patria potestas im späteren Kaiserrechte. Die väterliche Gewalt des römischen Rechtes war unter allen Völkerschaften des römischen Reiches in gleichem Maße nur bei den Galliern und bei den stammverwandten Galatern entwickelt. Der östlichen Reichshälfte, den Griechen ebenso wie den Ägyptern und Juden, war sie in dieser Gestalt fremd, nur als „Erziehungs-", nicht auch als unbedingte „Befehlsgewalt" geläufig. Die Ausdehnung des Bürgerrechtes durch Caracalla verschaffte daher zwar der römischen patria potestas bis zu einem gewissen Grad auch in den östlichen Provinzen des Reiches Geltung, zumal sie durch die Pekuliarhaftung des Vaters für die aus dem Dekurionat entspringenden Verpflichtungen des Sohnes, durch die Befreiung gewaltunterworfener Kinder von der Erbsteuer und in mancher anderen Hinsicht auch auf das öffentliche Recht zurückwirkte und in diesen Äußerungen auch dem geborenen Nichtrömer verständlich ward. Aber in der Praxis des Privatrechtes vermochte sie sich hier doch nicht restlos durchzusetzen.

Der Rückschlag dieser freieren Anschauungsweise, die in dem Vater nicht so sehr den Gewalthaber als vielmehr den Muntwalt seiner Kinder erblickte, äußerte sich bereits in der actio de partu agnoscendo Hadrians. Sie fand auch in dem severischen Verbote der Kinderaussetzung Anerkennung. Ihr trugen ferner, wenn den Quellen zu trauen ist, die Severe Rechnung, indem sie dem häuslichen Tötungsrechte des Vaters grundsätzlich ein Ende machten und den Vater verpflichteten, den Sohn den staatlichen Gerichten zu übergeben. Aus demselben Gedankenkreis entsprang endlich eine erhebliche Einschränkung des Verkaufsrechtes des Vaters. Er sollte nur mehr aus äußerster Not (contemplatione extremae necessitatis aut alimentorum gratia) davon Gebrauch machen und dem Sohne dadurch nicht mehr die Freiheit rauben, dem Erwerber bloß noch ein Nutzungsrecht an seiner Arbeitskraft verschaffen können. Nur war gerade dieser Fortschritt nicht dem Einflusse der Volksrechte zu danken. Vielmehr mußte hier gerade umgekehrt das Reichsrecht vielfach einen noch weit in die Spätzeit hineinreichenden Kampf gegen den in den Provinzen, namentlich in Gallien, Phrygien, Syrien und Ägypten und vielleicht auch von den Juden gewerbsmäßig betriebenen Kinderhandel führen. Das Reichsrecht schränkte sogar die noxae datio des Hauskindes immer mehr ein. Wurde schon der Anlaß dazu infolge der wachsenden vermögensrechtlichen Selbständigkeit des Hauskindes immer seltener, so wurde sie nun überdies grundsätzlich auch in den wenigen Fällen, in denen sie Platz griff, zeitlich beschränkt. Sie erlosch, sobald das Hauskind den Schaden abgearbeitet hatte. Der noxae deditus konnte unter dieser Voraussetzung seinen Gewalthaber durch den Prätor zwingen, ihn freizulassen. Im übrigen erfuhr die vermögensrechtliche Stellung des Hauskindes zunächst keine bemerkenswerte Änderung. Als dessen selbständiges Vermögen war noch immer nur das peculium castrense anerkannt. Die übrigen privilegierten Vermögensmassen kamen erst später zur Ausbildung.

Auch die Endigung der väterlichen Gewalt folgte denselben Grundsätzen wie bisher. Namentlich bewahrte auch die Emanzipation die hergebrachten Formen und Voraussetzungen. Der Versuch, den Gewalthaber durch letztwillige Zuwendungen unter dieser Bedingung zur Emanzipation zu zwingen, wurde von der Rechtswissenschaft abgelehnt: potestas enim patris inaestimabilis est. Gewisse Eigentümlichkeiten zeitigte auch hier vorerst nur das Volksrecht. In dem mit der väterlichen Gewalt unvertrauten griechischen Rechte bestand anstelle der dadurch des Bodens beraubten Emanzipation die sogenannte Apokeryxis, eine feierliche Verstoßung des Kindes durch den Vater. Sie wurde zwar noch von Diokletian für das Reichsrecht ausdrücklich verworfen, war aber, wie man eben darum annehmen muß, im Volksrechte noch üblich. Aber auch die Emanzipation selbst vollzog sich unter dem Einflusse griechischer Sitte in den Provinzen anscheinend vielfach abweichend von den Formen des Reichsrechtes durch Ausstellung eines Freibriefes. Andererseits lehrt freilich ein jüngst von Mitteis publizierter Papyrus, daß Caracallas Neubürger die Emanzipation auch in reiner römischer Form zu handhaben wußten. Derselbe Papyrus zeigt allerdings zugleich eine bemerkenswerte Abweichung von dem Berichte des Gajus und Ulpian, insofern er den Sohn dem Vater schon nach der ersten und zweiten Manzipation vom Fiduziar remanzipiert werden läßt.

Wie die väterliche Gewalt, so erfuhr auch die dominica potestas manche Lockerung und Milderung. Philosophie und Christentum setzten immer mehr und mehr die Anerkennung des Menschen im Sklaven durch. Auch sicherte die eher ab- als zunehmende Zahl der Sklaven dem einzelnen als um so wertvolleres Gut mildere Behandlung und schonungsvollere Ausnützung. In den Bahnen der lex Petronia, des edictum Claudianum und der Verfügung Hadrians fortschreitend, die auch die Sklaven der staatlichen Strafgerichtsbarkeit unterstellte, gewährte daher Antoninus Pius, anscheinend griechischem, doch auch schon im kaiserlichen Rom zumindest geduldetem Brauche folgend, mißhandelten Sklaven ein Asylrecht (ad fana deorum vel ad statuas principum) und erklärte den Herrn wegen fortgesetzter Grausamkeit seines Herrenrechtes für verlustig. Ob dagegen die dem Herrn wegen des an seiner Sklavin begangenen stuprum oder wegen der unbegründeten Verwicklung seines Sklaven in ein Strafverfahren von Ulpian und Papinian gewährte actio iniuriarum als Anerkennung des Ehrenstandpunktes für den Sklaven gedacht war, kann zweifelhaft sein. Möglicherweise sah man die iniuria hier nur in der Person des Herrn begründet. Eine Konstitution der Kaiser Severus und Caracalla verband dann mit der Verurteilung wegen iniuria ex persona servi die Infamie.

Die Entstehungsgründe der Sklaverei blieben im großen und ganzen unverändert. Der Grundsatz, daß der Bürger nicht innerhalb der Reichsgrenzen Sklave werden könne, hatte schon in früherer Zeit gewisse Ausnahmen erfahren (alienatio pretii participandi causa; S. C. Claudianum). Von den beiden Hauptformen des Freiheitsverlustes der eigenen Stammesgenossen hat der Kinderhandel bereits Erwähnung gefunden. Stand ihm das Reichsrecht ablehnend gegenüber, so stellte es dagegen den strafweisen Freiheitsverlust auf immer breitere Basis. Selbständige Strafe war die Aberkennung der Freiheit zwar niemals. Aber eine grundsätzliche Neuerung ließ sie als Begleitstrafe der Verurteilung zum Tode, zur Bergwerksarbeit und zur Einstellung in die Fechtschule eintreten (servus poenae). Das älteste positive Zeugnis dafür ist ein Erlaß Hadrians.

Die Freiheit erwarb der Sklave auch ohne Freilassung, außer in den schon bisher anerkannten Fällen, nach einer Konstitution Mark Aurels (und Commodus), wenn die seiner Veräußerung beigefügte Auflage der Freilassung nicht erfüllt wurde, nach der Interpretation einer epistula der divi fratres, wenn der Sklave oder ein Dritter für ihn einem Vertrauensmann die erforderlichen Geldmittel zur Verfügung stellte, damit er ihn seinem Herrn abkaufe und freilasse (redemptio suis nummis), und dieser die Freilassung verweigerte. Zu den bisher üblichen Formen der Freilassung gesellte sich anscheinend erst jetzt, wenn nicht noch später, die manumissio convivii adhibitione oder per mensam. Weder Gajus noch Paulus scheinen sie bereits gekannt zu haben. Die ältesten Zeugnisse sind ein fälschlich dem Bischof Dionysius von Alexandria zugeschriebener Brief aus dem dritten, vielleicht aber auch erst aus dem ausgehenden vierten oder gar erst aus dem fünften Jahrhundert, die Epitome des Gajus aus dem Ende des vierten Jahrhunderts und die mindestens ein Jahrhundert jüngere lex Romana Burgundionum. Auch sie war wohl nicht eine Art stillschweigender Willenserklärung und noch viel weniger bloß ein Beispielsfall der stillschweigenden Freilassung überhaupt. Vielmehr äußerte auch sie ihre Wirkung nur kraft des erkennbar auf den Freiheitserwerb gerichteten Willens des Herrn, der wenigstens nach der für das „gemeine" römische Recht allerdings nicht unbedingt beweisenden lex Burgundiorum in bestimmten Worten zutage treten mußte. Formlose und stillschweigende Freilassungen kannte das Reichsrecht anscheinend nicht.

Schon vermöge des Personalrechtes des Herrn, das für die Freilassung maßgebend war, vollzog sich diese, wenn der Herr Fremder war, nach peregrinischem Recht. Im griechischen Rechtskreise war vor allem der Hierodulismus stark verbreitet, Verkauf des Sklaven um ein von ihm zu leistendes und an eine Tempelkasse abzuführendes Lösegeld an eine Gottheit, in deren Schutz der Sklave fortan als Sklave des Gottes, also als freier Mann lebte. Während sich dieser Vorgang in Altgriechenland lange behauptete, zeigen die Papyri Ägyptens keine Anwendung davon. Ebensowenig sind die den prätorischen Freilassungen verwandten Formen der Freilassung durch Heroldsruf (*διὰ κήρυκος*), im Theater oder an religiöser Stätte (*ἐπὶ βωμόν*) oder auf dem Gerichtsplatz (*ἐν δικαστηρίῳ*) in das Recht der Papyri übergegangen. Hier herrschte vielmehr die ebenfalls schon altgriechische Freilassung durch (notarielle, agoranomische, später auch private, von Zeugen bestätigte) Dispositivurkunde vor. Diese volksrechtliche Freilassung scheint auch von den Neubürgern der römischen manumissio (vindicta) vorgezogen worden zu sein, freilich zum Nachteile der Freigelassenen, da sie natürlich reichsrechtlicher Wirkung entriet.

Darum mußte das Reichsrecht dem favor libertatis zuliebe bedacht sein, ebenso die prätorische wie die volksrechtliche Freilassung in ihren Wirkungen der zivilen Manumission anzugleichen. Vor allem war iteratio, Wiederholung der Freilassung in gehöriger Form, gestattet. Ferner konnte der Latinus Iunianus durch beneficium principis, die Latinerin kraft des ius liberorum das ius Quiritium erlangen. Dasselbe Privileg gewährten gewisse Verdienste um den

Staat (militia, navis, aedificium, pistrinum). Besonders begünstigt wurde die letztwillige Freilassung. Schon Antoninus Pius sah die formlose mündliche Erklärung als wirksam an. Eine Reihe von Senatsschlüssen aus der Zeit Trajans (S. C. Rubrianum, Dasumianum, Articuleianum), Hadrians (Vitrasianum) und Commodus (Iuncianum) schufen Zwangsrechte zur Verwirklichung fideikommissarischer Freilassungen. Das gräkoägyptische Recht kannte ferner auch die Freilassung eines Sklaven (inter vivos oder mortis causa) durch einen Teileigentümer für seinen Teil, deren Wirkung allerdings zweifelhaft ist, während dieser Vorgang nach Zivilrecht jedenfalls nur den Freilasser seines Anteiles zugunsten der Miteigentümer verlustig gehen ließ, die prätorische Freilassung pro parte nach der überwiegenden Ansicht nichtig war. Kaiserkonstitutionen der severischen Zeit räumten jedoch auch der fideikommissarischen Teilfreilassung, ursprünglich wohl nur von Soldaten, die Wirkung ein, daß sie durch Enteignung der übrigen Anteilsberechtigten zu dem beabsichtigten Erfolge führte. Die bedeutsamste Neuerung war aber die von Mark Aurel geschaffene sogenannte addictio bonorum libertatum servandarum causa. Sie gewährte den im Testamente Freigelassenen das Recht, wenn niemand den (überschuldeten) Nachlaß annehmen wollte, Zuweisung des Vermögens an sie unter Gewährung der Freiheit gegen die Verpflichtung zu erbitten, die Nachlaßschulden zu übernehmen.

Die Stellung des Freigelassenen war nach römischem Recht althergebracht. Er stand zwar zu seinem Patron in einem gewissen patriarchalischen Abhängigkeitsverhältnis. Aber die einmal erworbene Freiheit war grundsätzlich unwiderruflich. Viel drückender waren die Bedingungen, unter denen der Freigelassene des griechischen Rechtes stand. Er mußte sich sehr häufig verpflichten, zeit seines Lebens beim

Freilasser, selbst nach dessen Tod bei bestimmten Personen zu bleiben, den Freilasser oder andere zu erhalten u. a. m. Diese Verpflichtungen wurden bald als Suspensivbedingung, bald als Befristung gefaßt, die den Freigelassenen gewissermaßen bloß zum statu liber machten, bald in das Gewand einer Resolutivbedingung oder auch in andere nicht ganz klare Rechtsformen gekleidet, so daß die Freilassung zumeist nur eine widerrufliche Freiheit gewährte. Insbesondere war auch ein Vorbehalt bezüglich der Kinder bei der Freilassung unbedingt zulässig. Endlich scheint es im Gegensatze zum römischen Recht auch bei Freilassungen inter vivos die Regel gewesen zu sein, daß das peculium dem Freilasser verblieb. All diesen Anschauungen trat zwar das Reichsrecht energisch entgegen. Aber es war nicht bloß, wie eine Reihe von Konstitutionen zeigt, wiederholt notwendig, diese auch von den Neubürgern festgehaltenen Übungen zu bekämpfen. Vielmehr entzog sich auch das Reichsrecht nicht völlig ihrem Einflusse. Wenigstens mag die freilich schon unter Nero im Senate beantragte, aber damals abgelehnte revocatio in servitutem, die durch Commodus zwar nicht der Privatvereinbarung überlassen, aber doch zur Strafe für gewisse schwere Vergehungen eingeführt wurde, auf solche Einflüsse zurückgehen.

Ähnliches gilt für Vormundschaft und Kuratel. Die Entwicklung der Vormundschaft vollzog sich durch eine allmähliche Umwandlung aus einer potestas in ein munus. Einen ersten Schritt in dieser Richtung hatte es schon bedeutet, daß die Konsuln bereits seit Claudius den Vormund für seine Untätigkeit (extra ordinem) verantwortlich erklärten (periculo suo cessare), so daß der Prätor eine Klage (actio tutelae utilis) gegen ihn gewähren konnte. Daran anknüpfend verfügte anscheinend Mark Aurel, daß jeder in Rom ernannte tutor innerhalb bestimmter Frist tätig werden müsse, wenn er nicht so behandelt werden wolle wie einer, den die Konsuln für verantwortlich erklärt hätten. In diesen Gedankenkreis fügt sich vielleicht auch die eigentümliche Erscheinung ein, daß dem tutor unter Umständen — propter adversam tutoris valetudinem vel senium aetatis, wegen Unfähigkeit usw. — ein curator impuberis zur Seite gesetzt, wegen absentia rei publicae causa, wegen Wahnsinnes oder Relegation sogar in locum tutoris bestellt werden konnte.

Dieser allmähliche Umwandlungsprozeß führte ferner in der Zeit der Severe zu einer Beschränkung der Verfügungsgewalt des Vormundes. Zunächst verbot ihm eine oratio Severi (195) die gänzliche oder teilweise Veräußerung der praedia rustica vel suburbana des Mündels, ausgenommen den Zwangsverkauf, die letztwillige Erlaubnis des Zuwendenden und die Genehmigung der Behörde. Die verbotswidrige Veräußerung war nichtig, aber auch die erlaubte wegen Schädigung des Mündels (iure praetorio) anfechtbar. Die maßgebende wirtschaftliche Erwägung, produktive Anlage des Mündelgutes mit sicherer Ertragsfähigkeit und geringer Gefahr der Entwertung oder des Verlustes, war dem römischen Rechte neu. Das griechische Recht hatte diese Tendenz von alters her verfolgt. Sie setzte sich alsbald auch in der weiteren Maßregel durch, die den Vormund verpflichtete, wertvolles, aber erträgnisloses bewegliches Mündelgut zu veräußern und den Erlös fruchtbringend anzulegen.

Die Umgestaltung der Vormundschaft aus einer Machtstellung in eine öffentliche Last machte das Amt zugleich immer weniger erstrebenswert. Darum mußte der Möglichkeit, sich ihm zu entziehen, ein fester Riegel vorgeschoben werden. Das geschah durch Konstitutionen der Kaiser Severus und Caracalla, die bestimmte Entschuldigungsgründe (excusationes) festsetzten: wenigstens drei eigene Kinder, bereits drei

Vormundschaften oder Kuratelen, Krankheit, öffentliche Ämter, gewisse privilegierte Beschäftigungen, Todfeindschaft mit dem Mündel oder mit seiner Familie, entfernter Wohnsitz u. a. m. Derselben Erwägung entsprang die Regelung der potioris nominatio, der Namhaftmachung eines tauglicheren durch den berufenen Vormund, die ebenfalls ein Werk der Severe war. Die entscheidende Behörde war der praetor tutelari(u)s, der als solcher von Mark Aurel zur Entlastung der Konsuln bestellt war, aber vielleicht erst unter den Severen seine unterscheidende Bezeichnung erhielt.

Die angedeutete Umwandlung wurde jedoch nur der tutela impuberum zuteil. Die tutela mulierum blieb ihr entzogen, weil sie bereits tatsächlich dem Untergange geweiht war, ein bloßes Schattendasein führte. Ein Rest davon erhielt sich in der Funktion des parens manumissor der freigelassenen Sklavin und der emanzipierten Tochter, dessen Stellung der des tutor agnatus in mancher Hinsicht gleichkam. Viel zäher behauptete sich die Geschlechtsvormundschaft im griechischen Volksrechte, wo der „Weibervogt" (κύριος), als welcher der Vater, Bruder, Gatte oder Sohn fungierte, eine sehr alte und bei wichtigen Rechtsgeschäften notwendige Einrichtung bildete. Wenigstens der Ehemann behauptete sich als solcher Vogt, der die unvollkommene Geschäftsfähigkeit der Frau ergänzte, noch lange über die Herrschaft der Geschlechtsvormundschaft im Reichsrechte hinaus. Andererseits bedeutete die Beseitigung oder Hintansetzung der Geschlechtsvormundschaft noch nicht eine völlige Gleichstellung der Frau mit dem Manne. Verschlossen blieb ihr vor allem der öffentliche Rechtskreis. Sie konnte weder als Anklägerin noch als Prozeßvertreterin vor Gericht auftreten. Sie konnte nicht als Testamentszeugin fungieren. Auf dem Gebiete des Vermögensrechtes bildete allerdings, seitdem die lex Voconia ihre praktische Bedeutung verloren hatte, das Interzessionsverbot des S. C. Velleianum die einzige Beschränkung der weiblichen Geschäftsfähigkeit.

Im Familienrecht entbehrte die Frau zwar naturgemäß stets die väterliche Gewalt. Aber es bedeutete bereits eine bemerkenswerte Anerkennung ihrer mütterlichen Autorität, daß ihr schon unter den Antoninen und Severen eine gewisse Einflußnahme auf die Geschäftsführung des tutor testamentarius ihrer unmündigen Kinder zugestanden, ja nicht selten, wenn auch nicht de iure, so doch de facto die Verwaltung des Kindesvermögens übertragen oder überlassen wurde.

Viel weiter ging das griechische Volksrecht, das grundsätzlich der Mutter, eventuell in Gemeinschaft mit einem vom Vater berufenen Vormunde, nach dem Tode des Vaters die Vormundschaft über die Kinder anvertraute. Dieses Vorbild veranlaßte schließlich die christliche Kaisergesetzgebung zu dem gleichen Schritt. Als curatrix wollte man dagegen schon die Frau (Schwester, Tante) nicht bloß in ägyptischen Urkunden, sondern auch im Reichsrechte der klassischen Zeit anerkannt finden. In der Tat legt eine zuerst von Wenger in diesen Zusammenhang gebrachte Digestenstelle diese Annahme nahe. Doch lag in diesen Fällen vielleicht teils eine Vollmachtserklärung des Vertretenen selbst vor. Teils handelte es sich um testamentarische Bestimmungen, die wenig beweisen, weil die Rechtsstellung des Kurators ausschließlich auf der Ernennung der Behörde beruhte.

Wie die tutela blieb auch die cura von den Änderungen der Zeiten und Verhältnisse nicht unberührt. In erster Linie steht hier die Umwandlung der cura minorum zu einer ständigen und allgemeinen Einrichtung für Personen unter fünfundzwanzig Jahren seit Mark Aurel. In derselben Zeit setzte sich die Alleinherrschaft der cura dativa durch, insofern Antoninus Pius und Mark Aurel die Bestellung des Kurators jedenfalls in die Hand des Magistrates legten, der sich nur an eine eventuelle testamentarische Verfügung des Gewalthabers halten sollte.

Zweites Kapitel: Sachenrecht.

Wie der Gegensatz zwischen Bürgern und Fremden durch die stetige Angleichung des ius civile an das ius gentium immer mehr an Schärfe einbüßte, so verwischte sich allmählich auch der zwischen römischen und fremden Sachen, zwischen quiritischem und nicht quiritischem Sachenrechte. Teils infolge der Ausdehnung des Bürgerrechtes, die den Kreis der des quiritischen Rechtes Fähigen und, insofern die Sachen des Römers zugleich römische Sachen wurden, auch den der römischen Sachen erweiterte. Teils durch die Erstreckung quiritischer Rechtswirkungen auf Rechtshandlungen des ius gentium, teils — und das war wohl das Bedeutsamste — durch Ausdehnung des „italischen Bodenrechtes", durch Verleihung des ius Italicum an Provinzialstädte einerseits und durch Erstreckung der Grundsteuer, des vectigal, auf den italischen Boden andererseits, wodurch der tiefgreifende Unterschied zwischen italischem und provinzialem Grundeigentum behoben wurde.

Keinen grundsätzlichen Unterschied machte das römische Privatrecht von jeher zwischen Fahrhabe und liegendem Gute. Zwar kam der Grundvermessung in mancher Hinsicht große Bedeutung zu. Die forma der Feldmesser entsprach im wesentlichen unserem Kataster, diente anscheinend auch Steuerzwecken und war für die private Rechtslage mindestens Beweismittel. Aber ein unmittelbarer Zusammenhang zwischen „Flurkarte" und Privatrechtserwerb bestand nicht. Um so überraschender wirkte die Aufdeckung eines ausgebildeten Grundbuchwesens in Ägypten durch Mitteis.

Der sogenannte Dionysiapapyrus überliefert eine Verordnung des praefectus Aegypti M. Metellus Rufus vom Jahre 89, die, wenn auch nicht ausschließlich, so doch unter anderem auch die der Evidenthaltung der Grundbesitzerverhältnisse dienende βιβλιοθήκη ἐγκτήσεων zum Gegenstande hat. Sie erscheint hier nicht als Neuschöpfung, sondern wird als längst bestehend vorausgesetzt. Für die vorrömische Zeit ist sie freilich nicht nachweisbar. Sie war kein Steuerkataster, wenn natürlich auch ein solcher, doch eben als eine davon verschiedene Einrichtung bestand. Sie war ein Besitzbuch, das über den physischen Bestand der Grundstücke keine Auskunft gab und im Gegensatze zu dem nach Grundstücken geordneten Kataster dem System der Personalfolien folgte.

In den einzelnen Gaumetropolen bestehend war die βιβλιοθήκη ἐγκτήσεων das Zentralarchiv des Gaues, ein Archiv der Urkunden über die verschiedenartigsten Rechtsgeschäfte, zugleich aber „eine parate Übersicht über die wichtigsten, jedem Gauansässigen zukommenden körperlichen Besitztümer" und, da dem Grundbesitz (und Sklaven) eine vorherrschende Rolle zukam, mindestens tatsächlich ein Mittel zur Evidenthaltung der Rechte an Grundstücken (und vielleicht auch an Sklaven). Dieser grundbücherliche Charakter kam namentlich in dem Systeme der διαστρώματα, der Übersichtsblätter über die Besitzverhältnisse, zum Ausdruck. In diesem Sinne wurden hier namentlich Eigentums- und Pfandrechte verbucht. Zu diesem Zwecke mußte die geplante vertragsmäßige Übertragung oder Bestellung eines Grundbuchrechtes angezeigt werden (προσαγγελλία), um die Ermächtigung (ἐπίσταλμα) zur Vornahme des Geschäftes durch das Grundbuchamt zu erlangen. Hierauf konnte es zur Errichtung der erforderlichen Urkunde kommen (συγχρηματίζειν). Der Vollzug war dem Grundbuchamt anzuzeigen (ἀπογραφή). Auf Grund der Anzeige erfolgte dann die bücherliche Eintragung (παράθεσις?). Die rechtliche Bedeutung dieser Eintragung ist freilich nicht zweifellos. Wahrscheinlich konnten die dinglichen Rechte mit Wirkung inter partes auch außerbücherlich bestellt und übertragen werden. Dagegen begründete die Eintragung wohl die Priorität zwischen kollidierenden Eintragungen. Auch ging der bücherliche Erwerber anscheinend ohne Rücksicht auf seinen guten oder schlechten Glauben jedem anderen vor. Doch muß das alles derzeit noch mit Mitteis als Hypothese angesehen werden. Ebenso dunkel sind die Gründe, aus denen die Römer, wenn wirklich erst sie es waren, zu dieser Einrichtung kamen. Möglicherweise war das Interesse der Staatsverwaltung, über die Vermögensverhältnisse der Steuerschuldner Klarheit zu besitzen, entscheidend. Vielleicht stand sie auch mit der jedenfalls schon unter Augustus eingetretenen Reorganisation des Urkunden- und Notariatswesens in Zusammenhang. Jedenfalls galt sie aber, wenn auch das römische System des Erwerbes dinglicher Rechte an Provinzialgrundstücken daneben nicht ganz seine Geltung verloren zu haben scheint, was zugleich vielleicht manche Halbheit und Unklarheit dieses ägyptischen Grundbuchrechtes zu erklären vermag, nicht bloß für die Peregrinen, sondern allgemein auch für die Römer. Einer der augenfälligsten Beweise dafür, daß das von Justinian überlieferte Recht, wie allerdings mehr oder weniger jedes positive Rechtssystem, nur ein unvollkommenes Bild des wirklichen Rechtslebens gibt.

Die Nivellierung des Eigentumsbegriffes, die Ausgleichung des zivilen und bonitarischen, des volks- und amtsrechtlichen Eigentums, die schon längst in dem Übergreifen der Tradition auf das ius civile, in dem rechtlichen Schutze gegen die Nachteile der unterbliebenen Manzipation zur Geltung gekommen war, verlangte schließlich auch die Ausdehnung der Ersitzungsmöglichkeit auf unrömische Sachen und zugunsten von Nichtrömern, vor allem mit Rücksicht auf den gegenüber dem italischen immer mehr an Umfang und Bedeutung gewinnenden Provinzialboden. Das geschah durch die longi temporis (longae possessionis) praescriptio, für die, mag man auch aus inneren Gründen, namentlich im Hinblick auf das vielfache Bedürfnis geneigt sein, sie viel weiter in die Vergangenheit hinaufzurücken, das älteste Zeugnis jedenfalls erst in einer durch einen Berliner und durch einen Straßburger Papyrus überlieferten Konstitution des Septimius Severus vom Jahre 199 vorliegt, die das Institut allerdings schon als bestehend voraussetzt, so daß man seinen Ursprung kaum erst in severischer Zeit zu suchen hat. Vermutlich hatten bereits frühere Edikte der Provinzialstatthalter diesen Weg eingeschlagen. Dagegen scheint die Entscheidung, die an das Reskript geknüpft ist, die gangbare Annahme zu bestätigen, daß die longi temporis praescriptio ursprünglich nur für die Provinzen eingeführt wurde und nur für (Provinzial-) Grundstücke galt, erst von Caracalla auf Mobilien ausgedehnt wurde.

Anscheinend an griechische Vorbilder anknüpfend, gewährte die praescriptio vermutlich, wie ihr Name sagt, zunächst bloß dem Besitzer ein Verteidigungsmittel gegen die dingliche Klage, wenn er nur deshalb nicht hatte ersitzen können, weil die Sache ein Provinzialgrundstück oder er Nichtrömer war. Darum war sie wohl von Haus aus, jedenfalls schon in dem Reskript des Severus, an dieselben Voraussetzungen (keine res furtiva, iusta causa, bona fides) geknüpft wie die Usukapion, nur an eine durch die Änderung der Verkehrsverhältnisse gebotene, längere Frist gebunden, die anfänglich nicht fest begrenzt, in der Folge durch Kaiserkonstitutionen mit zehn Jahren inter praesentes, zwischen Bewohnern derselben πόλις, d. h. derselben Stadt samt Gau, seit Justinian derselben Provinz, mit zwanzig Jahren inter absentes festgesetzt wurde. Doch konnte hier anscheinend von jeher die Besitzzeit des Vormannes eingerechnet werden (accessio possessionis), während dieser Vorteil erst durch ein Reskript des Severus und Caracalla (wohl nicht erst durch Justinian) auf die zivile Usukapion erstreckt wurde. Außerdem unterschied sie sich von der Usukapion vielleicht auch dadurch, daß für sie auch bei unentgeltlichem Erwerbe das iustum initium possessionis genügte, während mala fides superveniens in diesem Falle damals noch die Usukapion hinderte. Vor allem aber stach sie durch ihre beschränkte Wirkung als bloßes Verteidigungsmittel von der Usukapion ab. Sie wurde jedenfalls nur wirksam, wenn sie im entscheidenden Augenblicke (Litiskontestation des Formular-, Denuntiation (?) des Kognitionsprozesses) schon vollendet war. Andererseits wurde ihr Lauf nur durch die Klage und bloß durch die Klage des wirklich Berechtigten unterbrochen. Eine selbständige Klage zur Geltendmachung des durch Zeitablauf erworbenen dinglichen Rechtes gleich der Usukapion gewährte sie dem Berechtigten erst nach dem Rechte der Spätzeit.

Die Klage zum Schutze des dinglichen Rechtes, die Eigentumsklage bewegte sich zwar grundsätzlich in den überkommenen Formen. Einerseits mag aber die Verquickung des Besitzschutzes mit dem Eigentumsstreite griechischen Einflüssen zu danken gewesen sein. Andererseits behauptete der provinzielle Eigentumsstreit manche volksrechtliche Eigenheit. War der Besitzschutz zwar von Haus aus vermutlich nicht als Vorbereitung oder Ergänzung, sondern als Ersatz der Vindikation für eigentumsähnliche Verhältnisse gedacht, so verlor er doch mit der zunehmenden Klagegewährung für solche Fälle, die ursprünglich auf den Interdiktsschutz allein angewiesen waren, immer mehr seine selbständige Bedeutung und rückte allmählich in die Stellung einer bloß vorläufigen

Maßregel ein, die dazu diente, dem Besitzer die günstigere Rolle des Beklagten für den Streit um das Recht zu sichern. Diese Funktion des Besitzschutzes als Vorbereitung des dinglichen Prozesses war den Griechen schon früh bekannt und ist von Polybius namentlich auch für die Griechen Süditaliens bezeugt. Ein Zusammenhang des römischen mit dem griechischen Recht in dieser Frage ist daher zumindest möglich.

Noch auffallender ist die Analogie der griechischen ἐξαγωγή mit der deductio quae moribus fit, die, anscheinend dem Sponsionsverfahren eigentümlich, eine im (nötigenfalls durch Besitzprozeß erzielten) Einverständnisse beider Teile vollzogene Ausweisung des künftigen Eigentumsklägers aus dem Besitze der streitigen Sache durch den künftigen Beklagten war und eben darum als Anerkennung des Besitzes des Gegners durch den Ausgewiesenen, seiner Passivlegitimation durch den Ausweisenden eine Fixierung der Parteirollen für den Eigentumsstreit bedeutete.

Vielleicht bestand endlich auch ein Zusammenhang zwischen der actio ad exhibendum und der griechischen δίκη εἰς ἐμφανῶν κατάστασιν. Andererseits war es ein Axiom des klassischen römischen Rechtes, daß der Beklagte (gegenüber der formula petitoria) seinen Besitztitel nicht anzugeben brauchte. Der griechische Eigentumsstreit in Gestalt der sogenannten Diadikasie frug dagegen nicht nach dem absoluten, sondern bloß nach dem relativ besseren Recht eines der beiden Streitteile und zwang daher auch den Besitzer zum Nachweise seines Rechtes. Das war noch bei den Griechen Ägyptens Rechtens, und ein Reskript des Arcadius, das selbst in Justinians Codex Aufnahme fand, scheint zu beweisen, daß sich diese Auffassung im römischen Provinzialprozesse noch bis in die Spätzeit behauptete.

Die Ansätze des Provinzialrechtes zu einer Weiterbildung des Rechtes der Dienstbarkeiten und der persönlichen Nutzungsrechte und deren Förderung durch das Amtsrecht in Gestalt der Anerkennung von pactio et stipulatio, traditio seu patientia als Entstehungsgründe solcher Rechte u. a. m. sollen, zumal der dürftige Stand des interpolierten Quellenmaterials kaum mehr als Vermutungen gestattet, hier nicht nochmals erörtert werden. Erwähnung verdient nur, daß die Juristen des zweiten und dritten Jahrhunderts bereits dem Nießbraucher und dem Gebrauchsberechtigten das Interdikt uti possidetis als interdictum utile und nach Analogie des unde vi ein eigenes Interdikt si uti frui prohibitus esse dicetur zum Schutz ihres „Quasibesitzes“ gewährten.

Ebensowenig läßt sich über die Entwicklung von Bodenzins- und Erbpachtrecht in dieser Zeit bemerken. Dafür beginnen die Quellen erst wieder seit dem vierten Jahrhundert etwas reichlicher zu fließen. Nur darauf sei hingewiesen, daß die in den leges saltus festgelegten Rechtsverhältnisse in dieser Zeit auch auf die kaiserliche Bergwerksverwaltung Anwendung fanden. Wie namentlich die lex metalli Vipascensis lehrt, waren auch die Pächter solcher Bergwerke verpflichtet, den Bergbau in bestimmten Formen auszuüben, einen bestimmten Teil des Ertrages als Pachtzins abzuliefern und den Betrieb unter Gefahr des Rechtsverlustes aufrechtzuerhalten.

Bedeutsame Wandlungen und Entwicklungen machte in dieser Zeit dagegen das Pfandrecht durch. Das Vertragspfand, das besitzlose Pfand, das Konventionalpfand eroberte sich, unbeschadet des Fortlebens der fiducia (wenigstens im Westen) und des Faustpfandes, immer mehr und mehr den Boden des römischen Rechtes. Die griechische Hypothek behauptete sich nicht bloß in den ehedem griechischen Rechtsgebieten, sondern gewann auch zunehmenden Einfluß auf die römische Pfandrechtsgestaltung.

Mag man dem Konventionalpfande des römischen Rechts noch so skeptisch gegenüberstehen, spätestens seit Salvius

Julianus muß man doch wohl die seinem Schutze dienende actio Serviana utilis (quasi Serviana, hypothecaria) als Bestand des römischen Rechtes anerkennen. Nur das ist möglich, daß auch das römische Konventionalpfand durch den Begriff des pignus gedeckt wurde, daß hypotheca in der klassischen Rechtssprache bloß das griechische Schwesterinstitut bezeichnete.

Dieses — seit einer Verfügung der Kaiser Severus und Caracalla als pignus testamentarium auch unmittelbar durch Vindikationslegat bestellbare — „Vertragspfand", das dem Schuldner zunächst den Besitz der Pfandsache beließ, gewährte dem Gläubiger lediglich das Recht, falls er nicht rechtzeitig befriedigt wurde, die Sache mit der Pfandklage von jedem Dritten herauszufordern, um nun in deren Besitz zu gelangen. Sich durch ihren Verkauf zu befriedigen, gestattete ihm vorerst bloß ein besonders vereinbartes pactum de vendendo (de distrahendo). Noch Javolenus sah in dem eigenmächtigen Pfandverkauf ein furtum. Ebenso verlangte nicht bloß noch Gajus eine ausdrückliche Vereinbarung, sondern das scheint auch noch der Standpunkt späterer Juristen gewesen zu sein. Erst in der Zeit der Severe setzte sich anscheinend die Auffassung durch, daß sich solche Vereinbarungen von selbst verstehen, daß nur die ausdrückliche Vereinbarung des Gegenteils (pactum de non vendendo) den Verkauf zum Diebstahl mache. Dagegen scheint die Ulpian in den Mund gelegte Lehre, daß selbst ein solches pactum de non distrahendo den Gläubiger nur zu dreimaliger Mahnung des Schuldners vor der Vornahme des Verkaufes verpflichte, erst justinianisches Recht zu sein. Eine solche Mahnung des Schuldners zur Erfüllung mußte dem Verkaufe jedenfalls vorhergehen. Das schrieb zwar erst Diokletian ausdrücklich vor. Doch scheint es bereits früher Rechtens gewesen zu sein. Wenigstens verlangte schon Paulus dreimalige Mahnung, wenn das pactum de vendendo bloß stillschweigend vereinbart war. Zwischen Verkaufsandrohung (Verurteilung) und Vornahme des Verkaufes mußte überdies eine bestimmte Frist — nach Justinian von zwei Jahren — liegen. An Stelle eines pactum de vendendo konnte auch die lex commissoria, Verfall des Pfandes, vereinbart werden. Überdies bestand für den verkaufsberechtigten Gläubiger seit der Zeit der Severe die Möglichkeit, sich die Sache nach vorausgegangener Schätzung und nach Ablauf einer bestimmten Frist durch kaiserliche Verfügung an Erfüllungsstatt zusprechen zu lassen (impetratio dominii).

Die Pfandbestellung ohne Übertragung des Besitzes an den Pfandgläubiger bot den wirtschaftlichen Vorteil, dieselbe Sache wiederholt, bis zur Erschöpfung ihres Wertes verpfänden zu können. Die Rangordnung der mehreren Gläubiger bestimmte sich grundsätzlich nach dem Zeitpunkte der Pfandrechtsbegründung (prior tempore potior iure). Diese Rangordnung hatte nicht bloß die Wirkung, daß sie die actio hypothecaria des jüngeren Pfandgläubigers gegenüber dem älteren entkräftete (exceptio rei sibi pigneratae: si non convenit, ut sibi res fuerit obligata). Sie gewährte auch nur dem ersten Pfandgläubiger das ius distrahendi, den nachstehenden bloß Anspruch auf den nach Befriedigung des ersten Pfandgläubigers erübrigenden Überschuß, auf die hyperocha. Ein nachstehender Pfandgläubiger konnte den Besitz der Pfandsache und das ius distrahendi nur durch Abfindung des vorstehenden Pfandgläubigers erlangen, indem er ihn für seine Forderung befriedigte (ius offerendi). Dadurch rückte er an dessen Stelle, erlangte er dessen Rangvorrechte, erhielt er für sein Pfandrecht Pfandklage und Veräußerungsrecht, unbeschadet natürlich des Ranges dritter Pfandrechte. Das bot ihm namentlich auch den Vorteil, mit dem Verkaufe zu warten, bis er auf einen besseren, auch seine ursprüngliche

Forderung deckenden Erlös hoffen konnte. Andererseits konnte auch der vorstehende Gläubiger ein Interesse haben, den nachstehenden abzufinden, sei es nur, um ihn an der Ausübung seines ius offerendi zu hindern, oder aus anderen Gründen. Darum ward das Recht auch ihm zugestanden.

Der angedeutete wirtschaftliche Vorteil des Vertragspfandes brachte zugleich den Nachteil mit sich, daß mangels irgendwelcher Publizität der Pfandrechtsbegründung dem späteren Pfandgläubiger ältere, vorausgehende Pfandrechte verborgen bleiben, daß er daher Gefahr laufen konnte, für seine Forderung ein minderwertiges, weil durch ältere Pfandrechte bereits überlastetes Befriedigungsobjekt zu erlangen. Die Folge war eine zunehmende Abneigung gegen Kreditgewährung auf pfandrechtliche Sicherstellung hin, die Erschütterung des Realkredits. Noch schlimmer wurden die Verhältnisse durch das Überhandnehmen der stillschweigenden Pfandrechte (pignus tacitum), die für gewisse Forderungen kraft rechtens Platz griffen, der gesetzlichen Pfandrechte (hypotheca legalis), die überdies vielfach Generalpfandrechte (am ganzen Vermögen) und mit einem Rangprivileg ausgestattet waren, selbst älteren Pfandrechten im Range vorgingen. Die Hauptmasse dieser privilegierten gesetzlichen Pfandrechte gehört freilich erst der christlichen Kaiserzeit an. Die Anfänge liegen jedoch schon in dieser Zeit. Zunächst verwandelte sich in der Zeit der Antonine das Beschlagsrecht erst des Vermieters, dann auch des Verpächters in ein stillschweigendes, nicht erst besonderer Begründung bedürftiges Pfandrecht an den invecta et illata des Mieters, an der Ernte des Pächters. Mark Aurel gewährte dem Baugeldgeber ein Pfandrecht am (wiederhergestellten) Bauwerk, dem Mündel eines an den um Mündelgeld erworbenen Vermögensstücken. Ebenfalls schon in dieser Zeit scheint auch ein gesetzliches Pfandrecht des Fiskus wenigstens für die

Grundsteuer anerkannt worden zu sein, während ein solches am Vermögen des fiskalischen Kontraktschuldners selbst für die severische Zeit noch fraglich, höchstens für die Forderung gegen Publikanen mit einiger Sicherheit anzunehmen ist. Das Verhältnis von General- und Spezialpfandrecht regelten schon Severus und Caracalla in der Weise, daß sich der Gläubiger zuerst an sein Spezialpfand halten müsse (excussio realis).

In den wesentlichsten Punkten abweichend vom römischen war das hellenistische Pfandrecht des Ostens gestaltet, das, in den ägyptischen Papyren überliefert, dort als ius gentium auch für Römer zur Anwendung kam und in seiner Eigenart auch nach der constitutio Antonina mindestens noch während des dritten Jahrhunderts in Übung war. Das dürftige Quellenmaterial, das überdies für die vorrömische Zeit fast völlig versagt, gestattet freilich keine gesicherte Erkenntnis, sondern nur Andeutungen und Vermutungen.

Auch dem gräkoägyptischen Rechte war anscheinend die Verpfändung durch fiduziarische Eigentumsübertragung (ὠνὴ ἐν πίστει? altgriechische πρᾶσις ἐπὶ λύσει) geläufig, ohne daß deshalb allein schon an Entlehnung gedacht werden müßte. Das Anwendungsgebiet dieser Sicherungsübereignung, bei der im Gegensatze zur römischen fiducia Besitzübertragung nicht üblich war, ist jedoch nicht genau zu erkennen. Es läßt sich weder sagen, ob sie das Mutterinstitut war, von dem sich die jüngeren Pfandrechtsformen erst abspalteten, noch auch, ob sie sich in der Kaiserzeit auf gleicher Höhe behauptete oder allmählich verdrängt wurde. Für die spätere Kaiserzeit ist das letztere allerdings wahrscheinlich.

Die dem römischen Konventionalpfand analoge Verpfändung trat namentlich in zwei Formen auf, als ὑποθήκη und als ὑπάλλαγμα. Wenn es sich auch nur um eine Vermutung handeln kann, so hat doch die Annahme viel für sich, daß hier nicht bloß eine terminologische Unterscheidung, sondern zwei verschiedene Abarten des Pfandrechtes vorlagen. Die Hypothek war anscheinend Verfallpfand, „Ersatzleistung" mit Ausschluß jeder weiteren Haftung des Schuldners, das Hypallagma zwar auch nicht gleich dem römischen Pfandrechte Distraktionspfand, Verweisung des Gläubigers auf den durch Pfandverkauf zu erzielenden Erlös, aber doch Pfand im modernen Sinne, Verweisung des Gläubigers auf einen Gegenstand, dessen Eigentum ihm jedoch erst durch besonderen gerichtlichen Akt (ἐνεχυρασία) zuerkannt wurde, als vorzugsweises Befriedigungsobjekt, ohne Beeinträchtigung der persönlichen Haftung.

Während sich demnach das Hypallagma schon durch die Notwendigkeit eines besonderen Pfändungsaktes von der Sicherungsübereignung erheblich unterschied, stand ihr die Hypothek in vielen Punkten sehr nahe. Es ist daher nicht unwahrscheinlich, daß die Hypothek als die zugänglichere Form allmählich aus dem Mutterinstitut der Sicherungsübereignung herausgewachsen war. Vom römischen Pfandrecht unterschied sich das griechische — wenigstens Hypothek und Hypallagma, während für Sicherungsübereignung und Faustpfand (ἐνέχυρον) sichere Belege fehlen — vor allem dadurch, daß es nur mit gerichtlicher Hilfe geltend gemacht werden konnte. Den Vollstreckungstitel lieferte regelmäßig eine (mit der Vollstreckungsklausel καθάπερ ἐκ δίκης versehene) Schuld- oder Pfandurkunde. Auf Grund dessen konnte der Pfandgläubiger im Fall eines Hypallagma die ἐνεχυρασία, die Übertragung des Eigentums von Gerichts wegen erwirken. Dessen bedurfte es zwar bei der Hypothek nicht. Doch scheint auch hier (wie beim Hypallagma im Anschluß an die ἐνεχυρασία) gerichtliche Mitwirkung zur ἐμβαδεία (Besitzeinweisung) notwendig gewesen zu sein. Durchaus dunkel ist dagegen die Bedeutung der wiederholt erwähnten ἐπικαταβολή. Wahrscheinlich bezog sie sich auf den Eigentumserwerb am Pfand. Möglicherweise hing sie mit der ebenfalls mehr als fraglichen Verpflichtung des Pfandgläubigers zur Herausgabe der Hyperocha zusammen, die man zum Teile für das griechische Recht, dem das Pfand stets nur als Ersatzleistung gegolten, niemals als bloßes Sicherungsmittel erschienen sei, überhaupt geleugnet, zum Teile wenigstens für das hochentwickelte attische Recht, in dem bereits der Sicherungszweck zur Geltung gekommen sei, angenommen oder doch als kraft rechtsgeschäftlicher Vereinbarung praktisch vorherrschend zugestanden hat.

Die Nutzung des Pfandes stand schon darum regelmäßig selbstverständlich dem Schuldner zu, weil er grundsätzlich im Besitze der Pfandsache blieb. Ausnahmsweise wurde jedoch auch dem Gläubiger Nutzung und Fruchtziehung an Stelle der Zinsen des Kapitels gestattet. Vor allem kam aber auch ein echtes Nutzungs- im Gegensatze zum Substanzpfande vor, das dem Gläubiger bald als Gegenwert für die laufenden Zinsen, bald für den Verzugsfall u. a. m. die Benutzung einer Sache wegen einer Schuld gestattete.

Endlich war die Vereinbarung üblich, daß der Pfandgläubiger, dem neben der Pfandforderung noch eine andere (unversicherte) Forderung gegen denselben Schuldner zustand, das Pfand auch nach Wegfall der Pfandforderung bis zur Befriedigung dieser anderen Forderung nicht freizugeben brauche. In manchen Fällen hatte diese Vereinbarung die Bedeutung einer Doppelverpfändung, einer wiederholten Verpfändung derselben Sache für die zweite Forderung. In anderen Fällen war ihr Sinn jedoch zweifellos der, daß der Gläubiger die Sache trotz Lösung der eigentlichen Pfandhaftung einer anderen Forderung wegen behalten dürfe. Diesen Grundsatz erhob Kaiser Gordian (239), vermutlich an die angedeuteten Gepflogenheiten des damaligen Verkehrs anknüpfend, zur Rechtsnorm, indem er verfügte, daß der Faustpfandgläubiger auch nach Tilgung der Pfandforderung das Pfand zurückbehalten dürfe, ein Retentionsrecht habe, wenn ihm gegen den Verpfänder noch andere chirographische Forderungen zustehen (pignus Gordianum).

Drittes Kapitel: Recht der Schuldverhältnisse.

Auch das Recht der Schuldverhältnisse dieser Zeit steht unter dem Zeichen des Ausgleiches zwischen ius civile und honorarium, des Sieges des volksrechtlich gefärbten ius gentium über das ius civile, der Zurückdrängung der zivilen Formalgeschäfte durch die formlosen Geschäfte des Verkehrsrechtes. Die Rechtstheorie erhob sich allmählich zur Abstraktion eines allgemeinen Obligationsbegriffes.

Noch Gajus enthielt sich zwar einer allgemeinen Begriffsbestimmung der Obligation. Doch scheint sich bereits die Theorie seiner Zeit mit dem Probleme beschäftigt zu haben. Wenigstens geht die bekannte Definition Justinians — obligatio est iuris vinculum quo necessitate adstringimur alicuius solvendae rei secundum nostrae civitatis iura — möglicherweise auf Florentinus, einen Juristen der antoninischen Zeit, zurück.

Schon Gajus teilte ferner, vermutlich nicht als erster, sondern einer zu seiner Zeit bereits eingebürgerten Lehre folgend, die Obligationen in zwei Gruppen: omnis enim obligatio vel ex contractu nascitur vel ex delicto. Eine Einteilung, die die römische Rechtslehre anscheinend bis in die spätesten Zeiten ausschließlich beherrschte, erst von Justinian durch die Gruppe der variae causarum figurae, der Quasikontrakte und Quasidelikte, bereichert wurde.

Die Entwicklung der Delikte setzte in dieser Zeit den schon früher eingeschlagenen Weg aus dem Privatrecht ins öffentliche Recht fort. Das Bild, das sich daraus für die einzelnen

„unerlaubten Handlungen" (furtum, rapina, damnum, iniuria, fraus) ergab, ist hier nur mehr in Erinnerung zu bringen. Furtum, rapina, iniuria erfuhren in dieser Zeit kaum mehr eine erhebliche Veränderung ihres Wesens und ihrer Voraussetzungen. Das Aufgehen der actio furti concepti, oblati, prohibiti, non exhibiti in der gemeinen actio furti (manifesti und nec manifesti) vollzog sich zwar noch in vorjustinianischer, aber doch erst in späterer Zeit. Die Wandlungen der fraus creditorum sind bereits seinerzeit angedeutet worden. Besonderer Betonung bedarf daher nur noch das fortgesetzte Bestreben der Rechtswissenschaft, die actio legis Aquiliae immer mehr zu einer allgemeinen Schadensersatzklage auszugestalten. So setzte sich schon in der Zeit der Antonine der aquilische Anspruch für Körperverletzungen Freier, Gewaltunterworfener und Eigenberechtigter, durch, die für den Betroffenen eine Beeinträchtigung seiner Erwerbsfähigkeit u. a. m. bedeuteten. Man wurde ferner geneigt, einen solchen Anspruch zu gewähren, wenn eine Forderung oder ein Vermächtnis infolge Zerstörung der Beweisurkunden verloren zu gehen drohte. Immerhin scheute man auch jetzt noch vor der Gewährung der aquilischen Klage zurück, wo keine Kunst den Zusammenhang mit ihren ursprünglichen Voraussetzungen zu konstruieren vermochte. Darum behaupteten auch die schon vordem entwickelten Sonderklagen für einzelne Tatbestände (de servo corrupto, adversus iudicem qui litem suam fecit, de feris etc.) das Feld.

Eine eigentümliche Erscheinung stellen die sogenannten „Sepulkralmulten" dar, die „Gräberbußen", Grabschriften, die den Grabschänder mit einer Geldstrafe bedrohten und, anscheinend alter hellenischer Brauch, vielleicht unter hellenischem Einfluß, möglicherweise aber auch selbständig, nicht vor Mitte des zweiten Jahrhunderts, unter den divi fratres,

Provinzen, sondern auch in Rom und Italien in die römische Ordnung Eingang fanden. Als rechtliche Grundlage der nur aus — allerdings zahlreichen — Inschriften bekannten Einrichtung erscheinen kaiserliche Erlasse, die jedoch, nach der örtlichen Verschiedenheit in dem Auftreten und in der Handhabung dieser Bußen zu schließen, nicht allgemeines Reichsrecht geschaffen zu haben scheinen. Die Buße, die neben den prätorischen Strafanspruch (de sepulcro violato), nicht an dessen Stelle trat, verfiel bald der Staatskasse, bald der Ortsgemeinde oder dem Pontifikalkollegium, ausnahmsweise auch gewissen Körperschaften. An Stelle der prätorischen Strafverfolgung griff unter den Severen gewissen Grabschändungen gegenüber kriminelle Ahndung Platz.

Die Verträge gliederte die Rechtswissenschaft nicht anders als bisher in solche verbis, literis, consensu. Verbal- und Literalkontakt knüpften den beiderseitigen Vertragswillen an eine bestimmte Form. Die Eigentümlichkeit des Konsensualkontraktes war seine Formlosigkeit. Der „Realkontrakt" als der durch Leistung (re) des einen Teiles zustandekommende und dadurch vom „formlosen Konsensualkontrakt" unterschiedene Vertrag ist erst ein Werk der Kompilatoren. Erst sie stellten den vier sogenannten Konsensualkontrakten die vier (benannten) Realkontrakte und die (von den Glossatoren sogenannten) Innominat-(real-)kontrakte gegenüber.

Im Rahmen der Formalkontrakte vollzog sich unter dem Einflusse des Volksrechtes eine immer entschiedenere Abkehr von der mündlichen Stipulation zur Schriftlichkeit. Zwar war die Stipulation als Institut des ius gentium auch den Peregrinen zugänglich und, wo es sich um prozessuale Kautionen und Vadimonien vor römischen Richtern handelte, auch für sie unerläßlich. Aber im privaten Verkehre der hellenistischen Welt scheint doch der gewohnte einfache schriftliche Schuldvertrag ohne Stipulation durchaus üblich geblieben zu sein. Das änderte sich erst infolge der constitutio Antonina. Seitdem herrschte auch in den östlichen Provinzen die Stipulation vor, die sich um so leichter einlebte, als ihre äußere Form einfach und mit der Schriftlichkeit leicht zu vereinigen war, zumal schon längst auch im römischen Rechtsleben die Errichtung einer Urkunde über den Stipulationsakt üblich war.

Was die Stipulation dadurch an räumlicher Verbreitung gewann, verlor sie an innerer Bedeutung. Ihr eigentliches Wesen wurde den Provinzialen, namentlich den Griechen, niemals klar. Darum machten die hellenistischen Notare aus der Stipulationsform (ἐπερωτηθεὶς ὡμολόγηκα) in Verkennung des Umstandes, daß sie ausschließlich für obligatorische Verträge galt, eine clausula generalis, die auch in Freilassungs- und Testamentsurkunden überging und damit zur „sinnlosen Floskel" wurde. Für das Westreich sind zwar so arge Mißbräuche der Stipulationsform (wenigstens bis zum siebenten Jahrhundert) nicht überliefert. Doch scheint auch hier der außerrömischen Praxis das eigentliche Recht der Stipulation allmählich vollkommen abhanden gekommen zu sein.

Die Praxis trug überdies nicht bloß der herrschenden Unkenntnis der Rechtsformen Rechnung, indem sie auf die Kongruenz von Frage und Antwort dem Wortlaut und selbst der Sprache nach verzichtete, den Gebrauch fremder Sprachen, namentlich des Griechischen, zuließ und schließlich kaum mehr als einen einfachen Austausch von Erklärungen unter Anwesenden verlangte. Sie anerkannte auch immer entschiedener die Bedeutung des Schriftaktes, insofern schon in der Zeit der Severe die Stipulationsurkunde die Kraft des Stipulationsaktes selbst erhielt, mochte er stattgehabt haben oder nicht, wenn nur bewiesen wurde, daß sich die Parteien am Tage der (angeblichen) Errichtung der Stipulation tatsächlich am beurkundeten Orte befanden und daher die physische Möglichkeit hatten, die bezeugte Frage und Antwort zu tauschen. Der dadurch begründeten Gefahr, für eine Schuld haftbar zu werden, die überhaupt nicht oder wenigstens noch nicht tatsächlich begründet war, von einer formalen Haftung betroffen zu werden, ohne daß eine materielle Schuld vorlag, beugte die exceptio doli, non numeratae pecuniae gegen Darlehensstipulationen vor. Eine Verfügung Caracallas stattete sie überdies mit der Wirkung aus, daß sie, innerhalb eines Jahres geltend gemacht, dem Schuldschein überhaupt die Beweiskraft raubte, den Gläubiger zu anderem Beweise seiner Forderung nötigte. Unter derselben Voraussetzung konnte der Schuldner auch im Klagewege (querela non numeratae pecuniae) oder durch einfachen Widerspruch (contestatio) gegenüber dem Gläubiger oder vor der Behörde Befreiung von der vermeintlichen Schuld erwirken. Diokletian verlängerte die Frist auf fünf Jahre. Justinian schränkte sie wieder auf zwei Jahre ein. Eine mißverständliche, von Justinus und Justinian wieder beseitigte Praxis scheint den Gedanken allmählich noch weiter ausgedehnt und die exceptio auch gegen solche Stipulationsurkunden zugelassen zu haben, die nicht über ein Darlehen, sondern ex causa praecedenti, zur Umwandlung einer älteren Schuld ausgestellt waren. Endlich gewährte sie Justinian als exceptio non numeratae dotis auch dem Manne gegenüber der Empfangsbestätigung über die dos. Ließ der Schuldner die bezeichnete Frist ungenützt verstreichen, so erlangte der Schuldschein allerdings volle Beweiskraft.

Nicht so sehr die Stipulationsform als vielmehr die Schriftlichkeit war es daher scheinbar, die wenigstens im Orient nach wie vor als das verbindliche Vertragselement erschien. Die Verwendung der Schrift im Rechtsleben war ja bei den Griechen uralt. Die mündliche Verabredung galt nur, wenn sie vor Zeugen getroffen war, und die berüchtigte graeca fides machte selbst in solchem Falle die Schriftform wünschenswert. Je mehr dieser Brauch um sich griff, desto mehr mußte sich die Meinung bilden, daß rein mündliche Vereinbarungen rechtlich unzureichend seien. Diese Anschauung hatte bereits in severischer Zeit festen Fuß gefaßt und das Reichsrecht trat ihr in zahlreichen Kaisererlässen fruchtlos entgegen. Mit dem zunehmenden Verfalle des römischen Formalismus auch im Westen des Reiches trat allmählich auch hier die Kraft der sollemnia verba und der Mündlichkeit hinter der Bedeutung der Urkunde zurück. Diese Überschätzung der Urkunde namentlich als Schuldverschreibung wuchs noch dadurch, daß sie immer mehr und allgemeiner die Form der vom Schuldner eigenhändig unterschriebenen Erklärung, des chirographum annahm, das den eigentlichen Verpflichtungswillen des Schuldners „in und mit der Unterschrift auf der Urkunde" zu verkörpern schien. Verflüchtigung des Stipulationsbegriffes, zunehmende juristische Bedeutung der Schriftform und Unterschrift des Verpflichteten wirkten demnach zusammen, die Urkunde an Stelle der von ihr bezeugten wirklichen oder fingierten Stipulation als die Grundlage der Verpflichtung erscheinen zu lassen. Eine Stütze fand diese allmählich herrschend gewordene Auffassung in der Analogie des schon Gajus bekannten peregrinischen Literalvertrages chirographis et syngraphis. In der Tat machte aber die Schriftlichkeit doch wohl nicht aus der Stipulation eine neue Form des Literalkontraktes, sondern man hielt an der Vorstellung einer „schriftlichen Stipulation" fest. Wenigstens gab das Reichsrecht niemals die Theorie von der Stipulation und von den nuda pacta auf, galt dem Reichsrecht als das verpflichtende Element der Schuldverschreibung allezeit nicht die Schriftform, sondern die Stipulation.

Anders im Volksrechte. Hier behauptete sich nicht bloß der

peregrinische Literalvertrag chirographis et syngraphis auch nach der constitutio Antonina in seiner bereits bekannten Gestalt bis ins vierte Jahrhundert. Hier herrschte vielmehr die Urkunde auf allen Gebieten. Die Verbriefung von Rechtsgeschäften war allgemein üblich. Mündlich geschlossene Verträge sind — im gräkoägyptischen Rechtsverkehre — nur als Realkontrakte (Darlehen, Sequestration) und gelegentlich als Konsensualverträge nachweisbar. Vom sogenannten γάμος ἄγραφος war bereits die Rede. Ob freilich die über das einzelne Rechtsgeschäft errichtete Urkunde Dispositivurkunde sein sollte, deren Errichtung erst das Geschäft begründete, oder nur Beweisurkunde, die lediglich den Abschluß des Geschäftes (schon vor Errichtung der Urkunde) bezeugte und bewies, ist nicht in jedem Falle mit Sicherheit zu entscheiden. Ihrer Stilisierung nach waren die Urkunden bald objektiv, vom Standpunkt eines unparteiischen Beobachters in der dritten Person referierend (συγγραφή), bald subjektiv, von den Parteien selbst in der ersten Person redend (χειρόγραφον) gefaßt. Wo die objektive Form in die Fassung ὁμολογεῖ .... gekleidet war, spricht man auch besonders von ὁμολογίαι. Die Urkunden waren ferner teils öffentliche, teils private, die sich anscheinend nicht so sehr durch ihre Beweiskraft, als vielmehr durch ihre „Produktionsfähigkeit" unterschieden. Die Privaturkunden konnten (wenigstens in Ägypten), wenn überhaupt, so doch nur in beschränktem Maß als Beweismittel verwendet werden. Die Öffentlichkeit der Urkunde bestimmte sich aber nicht nach ihrer Errichtungsform, sondern danach, ob sie in das von der berufenen Behörde geführte Urkundenregister eingetragen war oder nicht (ἀναγράφειν). Die öffentlich vom staatlichen Notar errichtete Urkunde (δημόσιος χρηματισμός) unterlag allerdings schon als solche der Eintragung. Die Parteien konnten aber auch die privat errichtete Urkunde nachträglich registrieren lassen. Die öffentlich errichtete Urkunde hatte nur wohl den Vorzug, in jeder Hinsicht den Beweiswert einer öffentlichen Urkunde zu genießen. Diese öffentliche Beurkundung wurde, wie die öffentliche Evidenthaltung privater Rechtsverhältnisse überhaupt, im hellenistischen Rechtskreise sehr früh, wohl schon vor der römischen Herrschaft, entwickelt. Insbesonders im ptolemäischen Reiche war die Beurkundung durch öffentliche Notare (Agoranomen) schon längst üblich. In römischer Zeit kam ein zweites Urkundsamt, das *γραφεῖον* hinzu. Für das Reichsrecht sind die ersten Spuren von einem Rechte der Behörde, Privatrechtsgeschäfte schriftlich zu beurkunden (ius gestorum), des Auftretens öffentlicher Urkunden privatrechtlichen Inhaltes nicht vor Beginn des dritten Jahrhunderts nachweisbar.

Der äußeren Form nach lassen sich in dem überlieferten Papyrusmateriale verschiedene bestimmte Typen von Urkunden unterscheiden. Die Syngraphophylaxurkunde war eine objektiv stilisierte Privaturkunde. Sie war (fast ausnahmslos) von sechs Zeugen beglaubigt, deren einer sie als „*συγγραφοφύλαξ*" in Verwahrung nahm. Ihr Gebrauch starb in der Kaiserzeit ab, seitdem das öffentliche Archiv (*βιβλιοθήκη ἐγκτήσεων*) Ersatz bot. Privaturkunde im Briefstil, subjektiv gehalten, daher auch ohne Zeugen, war das *χειρόγραφον*. Es mußte nicht eigenhändig geschrieben sein. Andererseits machte die Unterschrift der Partei (*ὑπογραφή*) die „Objektivurkunde" wenigstens im gräkoägyptischen Sprachgebrauche nicht zum Chirographum, während nach römischem Recht allerdings die eigenhändige Unterschrift das entscheidende Merkmal war. *Ὑπόμνημα* endlich hieß regelmäßig die Eingabe an eine Behörde, aber auch die ihr nachgebildete Offerte (wenn die eine Partei eine sozial übergeordnete Person war, wie oft der Verpächter gegenüber seinen Pächtern), die zumeist einfach durch die Unterschrift (regelmäßig) einer Partei, weil vermutlich jeder Teil nur die für den anderen bestimmte Ausfertigung unterschrieb, perfektioniert wurde.

Öffentliche Urkundsformen waren die Agoranomenurkunde, die *συγχώρησις* und die *διαγραφή*. Die Agoranomenurkunde, erst von der ersten Hälfte des zweiten vorchristlichen Jahrhunderts ab nachweisbar, aber in Anbetracht des viel höheren Alters der Agoranomie in Ägypten vermutlich viel älter, ward in objektiver Fassung vor dem Agoranomen, einer griechischen Notariatsbehörde, errichtet. Für die Abfassung der von Römern zu errichtenden Urkunden gab es besondere tabelliones (*νομικοὶ* [*Ῥωμαικοί*]), die wie die Tabellionen überhaupt Privatpersonen waren. Wohl nur eine Unterart der Agoranomenurkunde war die *γραφεῖον*-Urkunde, insofern das *γραφεῖον* vielleicht nur eine „Filiale" der Agoranomie, bisweilen gar nur ein anderer Name dafür gewesen zu sein scheint. Nicht viel anders verhält es sich vermutlich mit dem *μνημονεῖον*. Die Urkunde wurde in einem Exemplare bei der Behörde verwahrt, ein zweites mindestens seit Beginn der Kaiserzeit an die dadurch zum Zentralarchiv gestempelte *βιβλιοθήκη ἐγκτήσεων* abgeliefert, den Parteien die gewünschte Zahl von Ausfertigungen (*ἐκδόσιμον*, *ἀντίγραφον*) erteilt.

Συγχώρησις war die vor gewissen Gerichtsbehörden, vor dem *ἀρχιδικάστης* oder vor zwei sonst nicht näher bekannten Gerichten, vor dem *κριτήριον* und vor dem *κριτήριον ἐπὶ τῇ αὐλῇ* errichtete Urkunde, die regelmäßig die Parteierklärung mit dem Worte *συγχωρεῖ* einleitete und anscheinend alle Arten von Verträgen unter Lebenden zum Gegenstande haben konnte. Ihren Ausgangspunkt bildete vielleicht der gerichtliche Vergleich.

Die *διαγραφή* hing mit der wohl in der gesamten griechischen und römischen Kulturwelt verbreiteten Verwendung der Trapeziten als Kassenführer vermögender Privatpersonen zusammen. Sie war eine Note des Bankiers an den Anweisungsempfänger über die erfolgte Anweisung, die oft zugleich die Bestätigung des Vollzuges der Anweisung durch Unterschrift des Empfängers enthält. Sie setzt bald einen bereits errichteten Kausalvertrag voraus, dessen teilweise Realisierung sie lediglich verbrieft und auf den sie dann Bezug nimmt, „unselbständige *διαγραφή*". Bald — etwa seit Ende des ersten christlichen Jahrhunderts — tritt sie auch selbständig auf, indem sie den nicht erst besonders verbrieften Kausalvertrag in die *διαγραφή* über die Valuta entsprechend einbezieht. An sich Privaturkunde, weil der Trapezit nicht Beamter war, sondern einfacher Kaufmann, scheint sie später, vielleicht im Zusammenhange mit der Ausbildung der selbständigen *διαγραφή*, den Charakter einer öffentlichen Urkunde erlangt zu haben.

Ihrem Inhalte nach besonders ausgezeichnet war die Exekutivurkunde, die Schuldurkunde mit der Klausel sofortiger Vollstreckbarkeit, wie wenn der Schuldner rechtskräftig verurteilt wäre (*καθάπερ ἐκ δίκης*), die dem Gläubiger eine Art Generalhypothek am Vermögen des Schuldners gewährte, ihn befugte, sein Recht im Verzugsfall ohne richterliche Intervention geltend zu machen. Sie war altgriechisches, aus den Grundsätzen des dort geltenden Pfand- und Exekutionsrechtes naturgemäß entwickeltes Recht. Sie lebte auch im hellenistischen Recht Ägyptens fort, wo die häufig und im Anschluß an Geschäftsurkunden aller Art auftretende Exekutivklausel dem Gläubiger sofortige Vollstreckung gegen Person und Vermögen des Schuldners gewährte. Nur war hier — wenigstens in der allein durch Urkunden belegten römischen Kaiserzeit — und vermutlich auch sonst im römischen Rechtsgebiete dem Gläubiger nicht ohne weiteres Selbsthilfe gestattet. Vielmehr griff hier zunächst ein „Mahnverfahren", Zustellung eines vom Gläubiger ausgehenden, vom

Gericht nur zugestellten Zahlungsauftrages (*διαστολικόν*) an den Schuldner Platz, nach dessen Rechtskraft erst die Exekution in den Formen der Urteilsvollstreckung stattfand. Diese Exekutivurkunde ist nicht bloß anscheinend ins syrisch-römische Rechtsbuch übergegangen und demnach auch in der gräko-syrischen Praxis mindestens bis gegen Ende des fünften Jahrhunderts lebendig geblieben. Auch mehrere Reskripte des justinianischen Kodex aus der Zeit von Severus bis Justinian scheinen darauf anzuspielen. Es ist daher zumindest wahrscheinlich, daß sie eine allgemeine Erscheinung des östlichen Provinzialrechtes darstellte.

Eine Überspannung der Bedeutung gewisser Klauseln (*ἡ δὲ συγγραφὴ κυρία ἔστω πανταχοῦ καὶ παντὶ τῷ ἐπιφέροντι* u. a. m.) ist dagegen die Annahme von Order- oder gar Inhaberpapieren für das hellenistische Rechtsleben. Solche Wendungen wollten wohl nur die Eintreibung der Schuld erleichtern, bloß sagen, daß auch ein Vertreter oder Zessionar sich auf die Urkunde als Beweismittel stützen dürfe. Allerdings lag aber darin eine volle Anerkennung der Zession, die denn auch im Rechte der Papyri schon im ersten Jahrhundert, also zu einer Zeit zugelassen zu sein scheint, wo sie dem römischen Reichsrechte noch durchaus fremd war.

Noch Gajus betont, daß es keine (in iure) cessio von Forderungen gebe, sondern daß solche Übertragung nur durch Novation oder in der Weise erreicht werden könne, daß der „Zessionar" als Kognitor oder Prokurator des Zedenten auftrete. Das eine, Novation, konnte nicht ohne Mitwirkung des Schuldners geschehen. Das andere, Prozeßvertretung, ließ das Recht des Zessionars bis zur Litiskontestation in der Schwebe. Das wurde zwar wesentlich besser, seitdem die Mitteilung (denuntiatio) von der Abtretung der Forderung durch den Zessionar oder, wie anscheinend einzelne Papyri zeigen, doch wohl auch durch den Zedenten an den Schuldner diesen der Befugnis beraubte, noch fernerhin wirksam an den Zedenten zu zahlen, ihm gegen dessen Klage eine exceptio doli gewährte. Doch ist auch diese Neuerung angeblich erst Gordian zu danken. Jedenfalls fehlte dem Zessionar noch immer das selbständige Forderungsrecht. Die actio utilis (suo nomine), die ihm ein solches gewährte, fand zwar zugunsten des Erbschaftskäufers schon durch Antoninus Pius, für alle übrigen Fälle aber erst Schritt für Schritt in späterer Zeit Anerkennung.

Der eigentliche Literalvertrag scheint in dieser Zeit allmählich völlig mit dem Bankwesen verquickt, an die Mitwirkung der Banken geknüpft worden zu sein. Der griechische Ursprung dieses Bankwesens (τραπεζῖται) spiegelt sich vermutlich auch im receptum argentarii wieder, das wohl eben darum von jeder Form befreit gewesen zu scheint, aber schlechthin nach Maßgabe der Garantieerklärung, abstrakt verpflichtete. Das abstrakte Versprechen war ja dem griechischen Recht auch sonst nicht fremd. Nur war es regelmäßig in eine kausale Form gekleidet, indem ein fiktives Darlehen (δάνειον) als causa debendi angeführt wurde. Die abstrakte Schuldverschreibung war zumeist als Empfangsbestätigung eines Darlehns (oder auch einer dos) formuliert.

Andererseits kam häufig auch die Verschleierung von Darlehen (und Dotalverträgen) durch Einkleidung in die Rechtsform des depositum vor. Der Grund mochte (namentlich bei Darlehen) der sein, daß das Depositum den Gläubiger günstiger stellte, insofern den Depositar anscheinend nach dem Provinzialedikt (oder nach einer anderen, vielleicht noch an vorrömische Ordnungen anknüpfenden Rechtsquelle) eine condemnatio in duplum, vielleicht auch als Nichtrömer Infamie traf. Doch war das Gelddepot zweifellos unter Umständen auch ernsthaft gemeint als (von den Juristen des fünfzehnten Jahrhunderts) sogenanntes depositum irregulare. Jedenfalls war das Darlehen im Gewand eines depositum nur denkbar, wenn das Gelddepot als solches anerkannt war. Was damit für das Provinzialrecht außer Frage gestellt zu sein scheint, wird zum Teile für das römische Reichsrecht dieser Zeit überhaupt als interpolationsverdächtig abgewiesen, zum Teile, wohl mit mehr Recht, als Gegenstand einer Meinungsverschiedenheit zwischen den römischen Juristen angesehen, von denen Papinian dafür, Alfenus, Ulpian und Paulus dagegen gewesen seien. Es ist in der Tat unwahrscheinlich, daß sich der damals auch schon in Rom lebhaft entwickelte Bankverkehr für das ihm geläufige Bankdepot diese Geschäftsform hätte entgehen lassen. Vermutlich anerkannte auch schon das Reichsrecht dieser Zeit, auch hier durch Vermittlung Papinians östlichen Einflüssen nachgebend, das depositum irregulare in dem Sinne, daß der Depositar nicht idem, sondern tantundem zurückzugeben und — das ein wesentlicher Vorzug gegenüber dem allerdings auch anderen wirtschaftlichen Zwecken dienenden Darlehen — auf Grund der Kontraktsklage (actio depositi) Zinsen zu vergüten hatte, ohne daß sie besonders stipuliert zu sein brauchten.

Die Schriftlichkeit wurde allmählich auch für das römische Darlehen zur Regel, dessen Struktur im übrigen keine bemerkenswerte Änderung erfuhr. Nur der Zinsfuß unterlag allerlei, nach Zeit und Ort verschiedenen Schwankungen. Die ägyptischen Papyri schwanken, abgesehen vom zinslosen Kredit, zwischen sechs und fünfzig Prozent. Vor allem war aber hier der erst viel später ins Reichsrecht übergegangene Grundsatz, daß die Summe der rückständigen Zinsen das Kapital nicht übersteigen dürfe, altes (ägyptisches) Landrecht. Die Verzugszinsen waren hier (in ptolemäischer Zeit) auf vierundzwanzig Prozent festgesetzt. Sehr geläufig war endlich noch in der

Kaiserzeit die Vereinbarung des ἡμιόλιον (der ἡμιολία), eines Zuschlages von 50 (nicht 150) Prozent zum Kapital, teils an Stelle laufender Zinsen, teils als Verzugsstrafe. Im großen und ganzen erfuhr aber der Zinsfuß in der Kaiserzeit allenthalben eine allmähliche Minderung, wenn auch die Annahme, daß damals sechs Prozent das tatsächlich Übliche gewesen seien, übertrieben sein mag. Jedenfalls ist auch in dieser Zeit der Wucher nicht verschwunden. Vielmehr leistete ihm gerade die verbreitete Übung des Hemiolion vielfachen Vorschub.

Das Darlehen bildete auch den wichtigsten Nährboden für die Bürgschaft, in deren Rahmen sich ebenfalls der Gegensatz zwischen römischem und griechischem Recht mehrfach bemerkbar machte. War zwar auch die römische Bürgschaft von Haus aus vermutlich nicht akzessorische Geiselstellung, so hat sie doch im Privatrecht schon sehr früh diesen Charakter angenommen. Der griechische Bürge versprach dagegen grundsätzlich nicht seine eigene Leistung (idem tu quoque dare spondes?), sondern die eines anderen, des „Hauptschuldners", nachdem er überhaupt akzessorischer Schuldner (neben einem Hauptschuldner) geworden war, was er nicht einmal später als Gestellungsbürge des Prozeß- und Verwaltungsrechtes war, als welcher er nach wie vor allein, ohne Verpflichtung des zu Gestellenden, haftete. Der griechische Bürge (ἔγγυος) haftete ursprünglich dem Gläubiger an Schuldners statt, schließlich aber nur auf Schadenersatz in Geld für das Ausbleiben der garantierten Leistung, indem er vermutlich gleich von vornherein nur diesen Schadenersatz versprach. Damit nahm auch die griechische Bürgschaft namentlich für Privatschulden, wo sich die Ersatzleistung des Bürgen inhaltlich regelmäßig nicht von der Hauptschuld unterschied, eine der römischen Bürgschaft (fideiussio) stark angenäherte Gestalt an. Nur konnte der griechische Bürger anscheinend, im Gegensatze zum römischen, nicht primär, ohne jede Rücksicht auf die Leistungsbereitschaft des Hauptschuldners in Anspruch genommen werden. Dagegen konnte er sich nicht durch den Hinweis auf ein für die Forderung gleichzeitig bestelltes Pfandrecht verteidigen, noch auch anscheinend kraft Rechtens Abtretung dieses Pfandrechtes gegen Zahlung begehren. Diese Besonderheiten mußten zwar durch die constitutio Antonina zugunsten des römischen Reichsrechtes verschwinden. Immerhin scheint auch hier das angestammte Recht noch gelegentlich praktisch durchgedrungen zu sein.

Die römische Bürgschaft trat in dieser Zeit vorwiegend in Gestalt der fideiussio und des mandatum (pecuniae credendae, „qualificatum") auf. Sponsio und fidepromissio kamen wie alle zivilen Formalgeschäfte allmählich ganz außer Übung. Fidejussion und Mandat waren zwar der Begründungsform nach verschieden und darum auch das Verhältnis zwischen Gläubiger und Bürgen und zwischen mehreren Mitbürgen hier und dort anders geartet. In demselben Maß, in dem der Parteiwille das Übergewicht über die Geschäftsform erlangte, glichen sich jedoch die Verschiedenheiten aus, um allmählich zu einem einheitlichen Begriffe der Bürgschaft zu führen. In diesem Sinne setzte sich vielleicht bereits damals in der Praxis die anscheinend erst von den Kompilatoren rechtlich normierte Ausdehnung des beneficium divisionis auf mehrere mandatores eiusdem pecuniae durch. Ebenso gewährte man wohl schon damals dem Mandator wie dem Fidejussor ein Regreßrecht gegen den Schuldner mit Hilfe der actio mandati contraria. Überdies scheint auch der subsidiäre Charakter des griechischen Bürgschaftsrechtes bereits wenigstens in Gestalt entsprechender Parteivereinbarungen auf das römische abgefärbt zu haben, das freilich erst von Justinian grundsätzlich mit dem beneficium excussionis bedacht wurde.

Eine eigentümliche Verwendung fand die Bürgschaft im griechischen Rechte beim Kaufe. Der griechische Kauf wurde durch Bürgen (*βεβαιωτῆρες*) des Verkäufers bekräftigt, die das Behalten der Sache garantierten, der auctoritas (*βεβαίωσις*) dienten. Darum mochte wohl zumeist der Besitzvorgänger des Verkäufers als Kaufbürge fungieren. Diese Sitte erhielt sich auch im hellenistischen Recht Ägyptens. Nur sank sie vielfach zur leeren Form herab, insofern der Verkäufer als sein eigener Bürge die Garantie übernahm. Die *βεβαίωσις*-Haftung ging übrigens (im Ägypten der Kaiserzeit) weiter als nach klassischem römischem Recht. Denn sie enthielt außer dem Versprechen eines Mehrfachen des Kaufpreises meist noch das Versprechen, das Interesse, mitunter sogar auch dieses verdoppelt zu ersetzen, und die Zusicherung einer Strafe an den Fiskus. Die Eviktionshaftung des römischen Rechtes beschränkte sich nach wie vor auf die „dupla pretii". Auch setzte sich erst jetzt allmählich — noch Gajus stellte auf den Ortsgebrauch, noch Ulpian auf den Wert der Sache ab — ein Zwang zu solcher stipulatio duplae mit Hilfe der actio empti durch. Nachdem man so weit gekommen war, ließ man alsbald — für die stipulatio habere licere nahmen das schon Julianus und Africanus, für die stipulatio duplae erst Paulus an — Haftung auch ohne Stipulation vermöge der actio empti eintreten, wenn der Käufer entwährt wurde, bevor er das Versprechen erwirkt hatte, so daß nur mehr ein pactum de non praestanda evictione die Haftung des (redlichen) Verkäufers ausschloß.

Was die Haftung des Verkäufers für die Beschaffenheit der Kaufsache, für Sachmängel betrifft, so wurde zumindest in formeller Hinsicht ein Ausgleich zwischen „Markt-" und „gemeinem" Recht schon dadurch angebahnt, daß die besondere Marktgerichtsbarkeit der Ädilen (vielleicht schon vor Hadrian) verschwand, daß das Ädilenedikt in das prätorische

Album (Julians) überging. Damit entfiel dessen Beschränkung auf das Kompetenzgebiet der Ädilen, auf Marktkäufe. Doch bedeutete das noch nicht Geltung des bisherigen Marktrechtes für Käufe aller Art. Die Quellenstellen, die das zum Teile schon für Labeos Zeit zu lehren scheinen, sind interpoliert. Vielmehr blieb seine Geltung anscheinend auf Sklaven- und Viehkäufe beschränkt.

Ebenso war dem Rechte dieser Zeit vermutlich eine unbedingte Haftung des Verkäufers für die Beschaffenheit der Kaufsache gegenüber der actio empti noch unbekannt. Dieser Fortschritt dürfte erst Justinian zu danken sein. Nur scheinen bereits die Klassiker den Verkäufer wenigstens für das arglistige Verhehlen von Sachmängeln haftbar gemacht zu haben, während Cicero noch nicht einmal solche Haftung gekannt hatte. Mindestens seit Julian wurde der Verkäufer mit actio empti für allen Schaden haftbar, der dem Käufer aus dem Vertragsschluß erwuchs, ebenso wenn er Sachmängel arglistig verschwiegen, wie wenn er wissentlich falsche Angaben über Eigenschaften der Sache gemacht hatte. Doch haftete er nur für das sogenannte negative Vertragsinteresse, für das, was der Käufer gehabt hätte, wenn er nicht getäuscht worden wäre. Die Ausdehnung auf das positive Interesse geschah ebenfalls erst durch Justinian. Die Tatsache des Sachmangels an sich, ohne Rücksicht auf dolus oder culpa machte damals noch nicht mit der actio empti haftbar. Nur wegen dolus konnte sich der Käufer an den Verkäufer halten. Dem redlichen Verkäufer gegenüber versagte die actio empti. Der Käufer konnte in solchem Falle nur de se queri, wenn er es unterlassen hatte, auf rechtsgeschäftlichem Wege, durch entsprechende Stipulation solcher Gefahr vorzubeugen, und auch die Voraussetzungen der ädilizischen Haftung fehlten. Es bestand keine allgemeine Konkurrenz zwischen den ädilizischen Klagen und der actio empti.

Selbst die Zusicherung bestimmter Vorzüge (dicta et promissa) begründete Haftung mit der actio empti nur, wenn sie sich auf ein pactum adiectum stützte (oder dictum in mancipio war). Die einseitige formlose Zusicherung des Verkäufers führte auch nicht nach Ädilenrecht zu einer Haftung mit actio redhibitoria oder actio empti. Es war vielmehr feststehender Grundsatz, daß nur die nach klarem Einverständnisse der Parteien in verpflichtender Absicht erfolgte Zusicherung Haftung zu begründen vermochte. Um so weniger konnte beim gemeinen (Spezies-) Kaufe von solcher Haftung für Zusicherungen die Rede sein, die der ausdrücklichen Garantieabrede entbehrten.

Solche Garantieabrede erfolgte regelmäßig durch stipulatio (poenae), die in zweifacher Form auftrat. Die vermutlich ältere beschränkte sich auf das Versprechen einer Strafe für den Fall, daß eine Sache nicht geliefert, eine Leistung nicht erbracht werden sollte: Si Pamphilum non dederis, centum dare spondes? Die andere jüngere schloß das Strafversprechen am das Hauptversprechen selbst an: Pamphilum dari spondes? si non dederis, centum dare spondes? Sie gab dem Gläubiger das Recht, unabhängig von der Strafe Ersatz des Interesses an der Hauptleistung (quantum interest) zu fordern, wenn diese aus einem negotium stricti iuris geschuldet wurde, die Wahl zwischen der actio ex stipulatu und der zuständigen Geschäftsklage, wenn der Hauptanspruch ein iudicium bonae fidei erzeugte.

Garantiezwecken diente ferner im hellenistischen Rechte die Hingabe einer arrha (*ἀῤῥαβών*), namentlich beim Kaufe. Während sie im römischen Rechte dieser Zeit zweifellos lediglich Zeichen des Vertragsschlusses war, den verbindlichen Vertrag von der unverbindlichen Vorbesprechung abheben sollte, aber an der Verbindlichkeit des Vertrages nichts änderte, ihn weder bestärkte noch abschwächte, sondern bloß den Abschluß versinnlichte und dadurch leichter beweisbar machte, ist diese „bescheidene“ Funktion der griechischen arrha schon deshalb unwahrscheinlich, weil sie häufig zu einem ohnedies schon urkundlich verbrieften und darum hinlänglich beweisbaren Vertrag hinzutrat und oft eine beträchtliche Höhe erreichte. Die ägyptischen Urkunden, die sich überdies auf einen *νόμος τῶν ἀρραβώνων* unbekannter Herkunft berufen, lassen denn auch über ihre ganz anders geartete Aufgabe keinen Zweifel. Die Arrha band hier den Empfänger in gewissem Sinn. Er konnte sich nicht durch Rückgabe der Arrha von jeder Verbindlichkeit befreien (*ἀρραβὼν ἀναπόριφος*). Erfüllte er nicht, mußte er die doppelte Arrha zurückgeben, während der säumige Geber das hingegebene Angeld verlor. Doch scheint das auch alles gewesen zu sein, konnte anscheinend weder daneben noch wahlweise Erfüllung des Vertrages begehrt werden. Verlust der Arrha befreite mit anderen Worten von der Verpflichtung zur Erfüllung des Vertrages. Die Arrha war, was sie dann auch im justinianischen Rechte wurde, Reugeld und insofern juristisch Abschwächung, praktisch freilich schon wegen ihrer meist unverhältnismäßigen Höhe trotzdem Bestärkungsmittel des Vertrages.

Ein eigentümlicher Gegensatz zwischen Reichsrecht und Volksrecht trat schließlich auf dem Gebiete der Aufrechnung zutage. Das römische Recht des ersten Jahrhunderts der Kaiserzeit kannte sie anscheinend nur in Anwendung auf das Verhältnis zwischen dem argentarius und seinen Klienten (agere cum compensatione), zwischen bonorum emptor und Masseschuldnern (agere cum deductione) und kraft des officium iudicis bei actiones bonae fidei zwischen Ansprüchen und Gegenansprüchen ex eadem causa. Die weitere Entwicklung erfolgte erst durch ein Reskript Mark Aurels, der ihr mit Hilfe der exceptio doli auch im iudicium stricti iuris gerecht zu werden suchte, vielleicht an eine Übung des

Prätors anknüpfend, der nach Ermessen gegenüber der actio stricti iuris eine (allerdings wohl zur Abweisung des Klägers führende) exceptio in factum gewährt zu haben scheint, wenn der Beklagte in iure eine dem Gegenstande nach gleichartige Forderung auswies.

Die Funktion von Mark Aurels exceptio doli unterliegt allerdings, ganz abgesehen von der wohl zu verneinenden Frage, ob dieselben Grundsätze schon vor Justinian auch im iudicium bonae fidei zur Anwendung kamen, mancherlei Zweifeln, da wir darüber nur eine flüchtige Nachricht der Institutionen Justinians und eine nicht viel inhaltsreichere Bemerkung der Institutionenparaphrase (des Theophilus) dazu besitzen.

Vielleicht sollte die Einschaltung der exceptio dem Geschworenen für das iudicium stricti iuris dieselbe Befugnis gewähren, die er im iudicium bonae fidei hatte. Das würde jedoch zu der Annahme nötigen, daß diese Einschaltung dem iudicium stricti iuris die Natur eines solchen bonae fidei verlieh und daß der Erfolg der exceptio bloß teilweise Abweisung der Klage gewesen wäre. Eines so unverträglich mit dem, was uns sonst bekannt ist, wie das andere.

Möglich auch, daß dem Reskripte Mark Aurels überhaupt nicht die ausschlaggebende Bedeutung für die Entwicklung des Kompensationsrechtes zukam, die man ihm zumeist beimißt. Vielleicht bestätigte es nur, einen konkreten, durch echten dolus des Gegners charakterisierten, d. h. durch eine der Existenz und dem Betrage nach feststehende Gegenforderung begründeten Fall der Kompensation entscheidend, die Wirksamkeit der exceptio doli gegenüber der (vollen) actio iudicati. Vielleicht mußte die Kompensation selbst normalerweise durch Widerklage vor dem Gerichte der Hauptklage geltend gemacht werden, die an sich zwar mangels einer einheitlichen gemeinsamen Formel für Forderung und Gegenforderung den iudex noch nicht zur Aufrechnung berechtigte, aber nach einzelnen Kaiserkonstitutionen die Exekution der Hauptforderung hemmte, bis auch über die Gegenforderung entschieden war, und darum regelmäßig zu gleichzeitiger Aburteilung und zur Anwendung der exceptio doli in der Exekutionsinstanz (wie nach dem Reskripte Mark Aurels) führte.

Auch daran wurde schon gedacht, daß die Parteien, denen zwar bei Klagen mit intentio incerta durch exceptio doli zu helfen war, die hier eine entsprechende Minderung des Kondemnationsbetrages ermöglichte, während sie der intentio certa gegenüber zur Abweisung der Klage führen mußte, gezwungen wurden, die Klage mit intentio certa durch eine solche mit intentio incerta zu ersetzen. Das soll dadurch geschehen sein, daß die Parteien zum Abschlusse prätorischer Novationsstipulationen über ihre beiderseitigen Ansprüche mit formula incerta genötigt wurden, die dem Kläger eine actio incerta mit exceptio doli zugunsten des Beklagten gewährte. Doch fehlt wohl auch dieser geistreichen Vermutung der feste Unterbau. Am wahrscheinlichsten bleibt daher noch immer die Annahme, daß die Drohung mit der exceptio doli den Kläger in iure nötigte, gleich dem argentarius cum compensatione zu klagen, wenn anders er nicht vermöge der exceptio als plus petitor sachfällig werden wollte. Das Erfordernis der eadem causa scheint überdies für das iudicium stricti iuris von vornherein weitherziger interpretiert worden zu sein, indem man sich mit einer gewissen Konnexität der Ansprüche begnügte. Allmählich wurde es sowohl hier als auch bei dem iudicium bonae fidei fallen gelassen. Wenigstens lehrt schon für die Zeit der Severe Paulus in seinen Sentenzen, daß die Aufrechnung auch ex dispari causa zulässig und ihre Unterlassung als Pluspetitio anzusehen sei.

Dieser Entwicklung gegenüber weist nun die Rechtsübung

Ägyptens einen gewissen Stillstand auf. Einerseits scheint die Aufrechnung bei contractus bonae fidei, wie sie bereits vor Mark Aurel gegolten hatte, auch in Ägypten schon im ersten Jahrhundert Eingang gefunden zu haben. Wenigstens enthalten schon Pacht- und Verwahrungsverträge dieser Zeit häufig eine Klausel (ἀντιπόλογον [καὶ ἀκίνδυνον]), durch die die Aufrechnung ausgeschlossen werden sollte. Das kann freilich auch nur als zwecklose Betonung von etwas Selbstverständlichem, eines ohnedies fehlenden Aufrechnungsrechtes gedeutet werden. Wahrscheinlich bedeutete es aber doch Ausschluß des an sich zulässigen Rechtes zur Aufrechnung mit Gegenansprüchen aus dem Vertrage (nicht ex dispari causa). Dagegen zeigt sich nirgends eine Spur davon, daß das „decretum divi Marci" jemals in Ägypten wirksam geworden wäre. Vermutlich hatte man hier die Tendenz, die Kompensation im Interesse der mit ihr unvereinbaren Exekutivurkunde grundsätzlich einzuschränken.

Viertes Kapitel: Erbrecht.

Auch auf dem Gebiete des Erbrechtes verflachte in dieser Zeit einerseits der Gegensatz zwischen ius civile und ius honorarium, machten sich andererseits volksrechtliche Einflüsse im Reichsrechte geltend. Noch liefen zwar bonorum possessio und hereditas nebeneinander her. Selbst Justinians Digesten und Kodex gingen ja noch von dieser Zweigestaltung des Erbrechtes aus, die erst durch dessen novellarische Gesetzgebung beseitigt wurde. Noch unterschieden sich zwar die beiden Erbformen durch Berufungsgrund und prozessuale Schutzmittel. Aber seitdem die verschiedenen Formen der bonorum possessio Schritt für Schritt auch dem zivilen Erben gegenüber anerkannt worden, solche cum re geworden waren, besaß die Unterscheidung kaum mehr als theoretische Bedeutung, zumal die bonorum possessio immer mehr und mehr der Wirkungen der hereditas teilhaftig gemacht, das zivile Erbrecht allmählich von dem Geiste der bonorum possessio erfüllt wurde.

Das römische Recht lehnte zwar ferner, weniger kosmopolitisch als das griechische, erbrechtliche Beziehungen zwischen Römern und Fremden grundsätzlich ab. Die wenigen Ausnahmen — die seit Nerva auch den peregrinischen Städten gewährte zivile Legatsfähigkeit, das bis auf Hadrian auch Peregrinen zugängliche Fideikommißrecht und die Erbfähigkeit Fremder auf Grund des Soldatentestamentes kraft kaiserlicher Mandate seit dem zweiten Jahrhundert — bestätigen nur die Regel. Selbstverständlich genoß aber der Fremde sein heimisches Erbrecht, und selbst das römische Erbrecht mußte sich im Kreise der Neubürger zum Teile der volksrechtlichen Übung anbequemen.

Das einheimische (enchorische) Erbrecht Ägyptens beispielsweise, über das wir durch das überlieferte Urkundenmaterial relativ am besten, freilich auch nur dürftig unterrichtet sind, lebte auch in römischer Zeit fort. Charakterisiert war es anscheinend durch die familienmäßige Gebundenheit des Vermögens, durch die Gebundenheit des Eigentums zugunsten der Anwärter (Kinder), die die Eltern gewissermaßen nur als Nutznießer des Vermögens erscheinen ließ, ohne daß sich allerdings mit Sicherheit sagen läßt, ob das zwingende gesetzliche Ordnung oder nur übliches Vertragsrecht war. Fraglich ist namentlich, wie das Erbrecht in Ermangelung von Kindern geregelt war. Für die spätere Zeit legen die griechischen Urkunden ein gewisses Intestaterbrecht nahe. Eigentliche Testamente kannte dagegen das ältere ägyptische Recht anscheinend nicht. Doch scheint schon in ptolemäischer Zeit auch den Ägyptern die Errichtung von Testamenten zugänglich geworden zu sein. In der Kaiserzeit waren solche Testamente bereits nicht selten. Möglicherweise hatten hier noch unbekannte gesetzliche Bestimmungen eingegriffen.

Ebenso ist die fortdauernde Geltung des griechischen Rechtes für die römische Zeit bezeugt. Es operierte zwar nicht mit dem scharf ausgeprägten Begriffe der römischen Universalsukzession. Die Auffassung des Nachlasses als einer untrennbaren rechtlichen Einheit der Aktiven und Passiven war ihm keineswegs geläufig. Schon die Nachfolge in die Aktiven wies nicht „die Begriffsschärfe der römischen hereditas" auf. Vielmehr überwog die in den überlieferten Testamenten deutlich hervortretende Vorstellung einer Vergabung Stück für Stück. Desgleichen wurde die Schuldenlast grundsätzlich nur als auf dem Nachlasse ruhend gedacht. Für heredes extranei scheint das auch später die Regel geblieben zu sein. Zumindest für die Deszendenz des Erblassers weisen jedoch manche Spuren auf die allmähliche Anerkennung einer persönlichen Haftung hin. Die gesetzliche Erbfolge war wohl allenthalben nach dem agnatischen Prinzip geordnet. Ihr Ausbau im einzelnen muß freilich dahingestellt bleiben. Die gewillkürte Erbfolge trat in dreifacher Gestalt auf, als Testament, als Erbvertrag und als elterliche Teilung.

Das Testament (*διαθήκη*) entsprach bei den Griechen (Ägyptens) den allgemeinen Regeln der Urkundsform (Syngraphophylaxtestamente und Homologien). Erforderlich war anscheinend die Zuziehung von sechs Zeugen (*ἑξαμάρτυροι*), wodurch chirographische Testamente ausgeschlossen oder wenigstens nur als codicilli testamento confirmati zugelassen waren. Die Unterschrift des Erblassers findet sich erst in römischer Zeit. Unbekannt ist das erforderliche Alter für die Testierfähigkeit. Die Frau bedurfte zur Testamentserrichtung jedenfalls eines *κύριος*. Die testamenti factio passiva besaßen auch Ungeborene. Eine bestimmte Formel der Erbeinsetzung war nicht üblich. Neben der Erbeinsetzung (Einsetzung von Ersatz- und Nacherben) konnte das Testament auch Vermächtnisse (wahrscheinlich mit dinglicher Wirkung) und Freilassungen enthalten. Ferner findet sich häufig auch, doch nicht in den griechischen Testamenten der Kaiserzeit, die Bestellung eines Testamentsvollstreckers (ἐπίτροπος). Endlich enthielten die Testamente der römischen Zeit wiederholt die Androhung von Geldstrafen zugunsten der Erben und des Fiskus sowie der Verpflichtung zum Schadenersatze für die Verletzung des Testamentsinhaltes, die wohl, mit den Sepukralmulten verwandt, auf gesetzlicher Grundlage ruhte. Dem gräkoägyptischen Recht eigentümlich war das gemeinschaftliche Testament von Ehegatten. Die Eröffnung des Testaments war in der Kaiserzeit durch das Provinzialedikt analog dem Stadtedikt geregelt. Die Aufhebung und Änderung des Testamentes stand dem Erblasser natürlich jederzeit frei. Nur konnte grundsätzlich das ältere neben dem jüngeren Testament bestehen, wenn es ihm nicht inhaltlich widersprach.

Der Erbvertrag zwischen Ehegatten war vielleicht schon altägyptisches Recht. Jedenfalls war er unter der gräkoägyptischen Bevölkerung der späteren Zeit sehr verbreitet. Nicht festzustellen ist, ob er der Testamentsform, der sechs Zeugen bedurfte. Die Zuziehung der Kinder war nicht notwendig. War sie geschehen, so erhielten die Kinder dadurch zweifellos ein festes Recht (κατοχή) am elterlichen Vermögen, und zwar nicht bloß am Vermögen als Ganzen, sondern an jedem einzelnen Stück, war der Vertrag daher nicht mehr ohne ihre Zustimmung widerruflich. Waren die Kinder dem Vertrage nicht beigetreten, so trat diese Wirkung vielleicht erst mit dem Tod eines der beiden Elternteile ein.

Die elterliche Teilung findet sich (im Kreise der Ägypter) wiederholt im Anschluß an die Ehe der Kinder, insofern der parens dem Ehekontrakte die Verteilung seines Vermögens an die heiratenden (und auch an die übrigen) Kinder anschloß. Die elterliche Teilung konnte durch Vertrag unter Lebenden mit den Kindern geschlossen werden, wobei sich der Verfügende wohl auf Lebenszeit das Nutzungsrecht vorbehielt. Hauptsächlich geschah sie aber für die Zeit nach dem Tode des Verfügenden mit dem Vorbehalte des freien Verfügungsrechtes inter vivos und mortis causa (sogenannte divisio parentis inter liberos). Dafür scheint schon das Recht der frühen Kaiserzeit eine im Vergleiche zum Testament erleichterte Form zugelassen zu haben. Endlich konnte sie auch auf Grund der durch ein wechselseitiges Testament der Eltern mit Substitution der Kinder oder durch einen Erbvertrag der Eltern für den überlebenden Teil begründeten Teilungsberechtigung geschehen, die dann nur die Verteilung des schon vorher begründeten Rechtes zum Gegenstande hatte.

Im Rahmen des römischen Rechtes behauptete sich, wie auf anderen Rechtsgebieten, so auch hier das Volksrecht über die constitutio Antonina hinaus. Wenigstens besitzen wir dafür, daß das Intestaterbrecht der griechischen Reichshälfte zumindest noch im dritten Jahrhundert der Kaiserzeit auf den unveränderten alten Grundlagen ruhte, äußere Anzeichen in zwei Reskripten des justinianischen Kodex, die zeigen, daß noch damals die Bruderskinder die Schwestern des Erblassers (wie nach griechischem Recht) auszuschließen meinten. Vor allem legt aber das syrisch-römische Rechtsbuch beredtes Zeugnis dafür ab, daß auch im Rechtsbewußtsein der Neubürger das angestammte Erbrecht fortlebte.

Das römische Erbrecht selbst erfuhr in dieser Zeit wenig Veränderungen. Von der einschneidendsten, von der zivilen Anerkennung des kognatischen Erbrechtes durch das S. C. Tertullianum und Orfitianum, war bereits früher die Rede. Auf dem Gebiete des Testamentsrechtes läßt sich vielleicht insofern ein grundsätzlicher Wandel beobachten, als man etwa seit dem zweiten Jahrhundert den favor testamenti hinter der voluntas testantis zurücktreten, diesen Willen des Erblassers selbst dann zur Geltung kommen ließ, wenn die das Wesen des Testamentes ausmachende Erbeinsetzung hinfällig war oder wurde. In diesem Sinne hielt man nun Vermächtnisse und Freilassungen aufrecht, obwohl es omissa causa testamenti zur gesetzlichen Erbfolge oder zur bonorum possessio contra tabulas kam oder der Nachlaß kaduk wurde.

Äußere Form und innere Solennitäten des Testamentes blieben im großen und ganzen unverändert. Doch verlangte das Neubürgertum des Ostens gewisse Konzessionen. Vor allem erwies sich wohl das den Grundsätzen des römischen Rechtes entsprechende Erfordernis der lateinischen Sprache in den orientalischen Ländern als unpraktisch. In der Tat ist denn auch wenigstens für Ägypter eine Verordnung Kaisers Alexander Severus nachweisbar, die den Gebrauch der griechischen Sprache in Testamenten erlaubte. Nicht genug damit, bereiteten die certa et sollemnia verba der griechischen Sprache vermutlich Schwierigkeiten. Man suchte sie zwar zum Teile nachzubilden. Zum Teile wagte man aber auch formlose Erbeinsetzungen, die darum zunächst bloß als Kodizille gelten konnten, bis Konstantin die Formen der Erbeinsetzung ihres obligatorischen Charakters entkleidete.

Das Noterbrecht erfuhr eine Korrektur durch Mark Aurel, insofern er weiblichen liberi durch die bonorum possessio contra tabulas nur den ihnen kraft zivilen Akkreszenzrechtes zufallenden Teil zuerkannte. Eine weitere Ausgestaltung erfolgte durch Alexander Severus, indem er der querela inofficiosi testamenti eine querela inofficiosae donationis und inofficiosae dotis zur Seite stellte, die unter ebensolchen Voraussetzungen und mit derselben Wirkung wie jene die Anfechtung von Zuwendungen unter

Lebenden aus dem Titel der Schenkung oder Dotierung gestatteten.

Im Vermächtnisrechte behauptete sich zwar grundsätzlich der Unterschied zwischen Legat und Fideikommiß. Das Legat blieb an das Testament und an die vorlängst festgelegten Formen gebunden und genoß den ordentlichen Klagschutz durch actio ex testamento (oder rei vindicatio). Das Fideikommiß war unabhängig vom Testamente, von Haus aus zwar durch gewisse prekative Formeln bedingt, aber etwa seit der severischen Zeit völlig formlos, schriftlich oder mündlich, selbst stillschweigend zu errichten, im Wege der extraordinaria cognitio geltend zu machen. Aber auch diese Unterschiede verflüchtigten sich immer mehr und mehr etwa seit dem Ausgange des dritten Jahrhunderts. Einerseits infolge der Verdrängung des Ordinarverfahrens durch den Kognitionsprozeß, andererseits infolge gewisser Beschränkungen der Verfügungsfreiheit auch für Fideikommisse, die zum Teile bereits angedeutet wurden, namentlich aber seit Konstantin einsetzten. Auch von der Ausdehnung der Quarta Falcidia auf die Fideikommisse durch das S. C. Pegasianum war bereits die Rede. Wahrscheinlich von Haus aus nur auf das Universalfideikommiß gemünzt, wurde diese Beschränkung alsbald auch auf das Singularfideikommiß erstreckt und schon nach einer Konstitution des Antoninus Pius auch dem gesetzlichen Erben zugute gehalten.

Seit dem zweiten Jahrhundert machte man ferner das Fideikommiß, das die Möglichkeit bot, ein Vermögen durch Vermittlung einer Person einer anderen zuzuwenden, einem neuen Gedanken, der Erhaltung des Vermögens oder wenigstens eines Teiles davon, namentlich des Immobiliargutes, für die Familie durch mehrere Generationen nutzbar. Die geeignete Form dafür bot das fideicommissum post mortem heredis, das den Bedachten (Erben, Vermächtnisnehmer usw.) verpflichtete, das Empfangene nach seinem Tod einem bestimmten anderen zu überlassen. Indem man diese Anordnung zugunsten einer Reihe von Mitgliedern einer Familie wiederholte, gelangte man zum Familienfideikommiß (fideicommissum familiae relictum). Eine andere Form war das Verbot der Veräußerung, mit dem der Zuwendende den Bedachten belastete. Nur setzten Gesetzgebung und Rechtswissenschaft dieser Befugnis, das Vermögen oder einzelne Teile davon derart außer Verkehr zu setzen, eine Schranke, insofern sie solche Verfügungen nicht über die dritte, seit Justinian nicht über die vierte Generation hinaus wirken ließen.

Immer mehr machte sich endlich auch eine Annäherung der mortis causa donatio an die Legate und Fideikommisse geltend. Eine solche lag schon in ihrer Ausnahme von der lex Cincia. Einen weiteren Schritt in dieser Richtung bedeutete die oratio in senatu habita Caracallas, kraft deren selbst Schenkungen unter Ehegatten als solche mortis causa wirksam wurden, wenn einer der beiden Ehegatten starb, ohne daß die Schenkung widerrufen worden wäre. Endlich fällt unter diesen Gesichtspunkt auch die Ausdehnung der lex Falcidia auf die Schenkung von Todeswegen durch Septimius Severus. Als einziger oder wenigstens hauptsächlicher Unterschied erübrigte daher für sie nur mehr die Begründungsform, die nicht nach den Normen letztwilliger Verfügungen, sondern nach denen der Schenkung beurteilt wurde.

Zur Berufung des Erben mußte nach wie vor der Erwerb der Erbschaft (durch den heres extraneus) hinzukommen, um ihm die Erbschaft wirklich zu verschaffen. Doch gelangte jetzt bereits die Möglichkeit, sich die Berufung eines anderen nutzbar zu machen, die Transmission wenigstens als transmissio ex capite in integrum restitutionis zur Anerkennung.

Wenn der Berufene die ihm angebotene Erbschaft aus einem Grund abgelehnt oder rechtzeitig anzunehmen versäumt hatte, der ihm das Recht gegeben hätte, in integrum restitutio anzusuchen, so konnten nun, wenn ihn der Tod daran gehindert hatte, seine Erben an seiner Statt diese Restitution ansuchen und die ihm zugedachte Erbschaft erwerben. Das war etwa seit der Zeit der Antonine zulässig und gelangte in der Folge immer mehr zu praktischer Geltung. Daran knüpfte dann in der christlichen Kaiserzeit eine Reihe anderer Fälle an.

Was die Erwerbsfähigkeit des Berufenen betrifft, so gesellte das Kaiserrecht der testamenti factio passiva und der capacitas noch eine Reihe von Voraussetzungen hinzu, deren Mangel man unter dem Begriffe der indignitas, der Erbunwürdigkeit, zusammenfaßte. Ihre Wirkung bestand darin, daß die Zuwendung dem Bedachten „entrissen" (bona ereptoria), für den Staatsschatz in Anspruch genommen wurde. Solche Fälle waren Angriffe auf Leben, Ehre oder Gesundheit des Erblassers, Vernachlässigung des schuldigen Beistands gegenüber dem unmündigen oder geisteskranken Erblasser, Vereinbarungen mit Dritten über den Nachlaß bei Lebzeiten des Erblassers, Beschränkungen des Erblassers in seiner Verfügungsfreiheit, Versuche der Unterdrückung seiner letztwilligen Verfügung, verbotener Geschlechtsverkehr mit dem Erblasser usw.

Haftung und Schutz des Erben und der übrigen letztwillig Bedachten wiesen in dieser Zeit keine bemerkenswerte Neuerung auf. Erwähnung verdient nur, daß bereits Gordian den Soldaten das später verallgemeinerte beneficium inventarii gewährte.

Namenregister.

Sachregister.

Sammlung Göschen

Jeder Band in Leinw. geb. **90 Pf.**

Verzeichnis der bis jetzt erschienenen Bände

Abwässer. **Wasser und Abwässer.** Ihre Zusammensetzung, Beurteilung u. Untersuchung von Professor Dr. Emil Haselhoff, Vorsteher der landw. Versuchsstation in Marburg in Hessen. Nr. 473.

Ackerbau- u. Pflanzenbaulehre v. Dr. Paul Rippert i. Essen u. Ernst Langenbeck, Gr.-Lichterfelde. Nr. 232.

Agrarwesen und Agrarpolitik von Prof. Dr. W. Wygodzinski in Bonn. 2 Bändchen. I: Boden u. Unternehmung. Nr. 592.

— — **II:** Kapital u. Arbeit in der Landwirtschaft. Verwertung der landwirtschaftl. Produkte. Organisation des landwirtschaftl. Berufsstandes. Nr. 593.

Agrikulturchemie I: Pflanzenernährung v. Dr. Karl Grauer. Nr. 329.

Agrikulturchemische Kontrollwesen, Das, v. Dr. Paul Krische in Leopoldshall-Staßfurt. Nr. 304.

— **Untersuchungsmethoden** von Prof. Dr. Emil Haselhoff, Vorsteher der landwirtschaftl. Versuchsstation in Marburg in Hessen. Nr. 470.

Akkumulatoren, Die, für Elektrizität v. Kais. Reg.-Rat Dr.-Ing. Richard Albrecht in Berlin-Zehlendorf. Mit 52 Figuren. Nr. 620.

Akustik. **Theoret. Physik I: Mechanik u. Akustik.** Von Dr. Gustav Jäger, Prof. an d. Techn. Hochschule in Wien. Mit 19 Abb. Nr. 76.

— **Musikalische,** von Professor Dr. Karl L. Schäfer in Berlin. Mit 36 Abbild. Nr. 21.

Algebra. **Arithmetik und Algebra** von Dr. H. Schubert, Professor an der Gelehrtenschule des Johanneums in Hamburg. Nr. 47.

Algebra. Beispielsammlung z. Arithmetik und Algebra von Dr. Herm. Schubert, Prof. a. d. Gelehrtenschule d. Johanneums i. Hamburg. Nr. 48.

Algebraische Kurven v. Eugen Beutel. Oberreallehrer in Vaihingen-Enz. **I:** Kurvendiskussion. Mit 57 Fig. im Text. Nr. 435.

— — **II:** Theorie u. Kurven dritter u. vierter Ordnung. Mit 52 Fig. im Text. Nr. 436.

Alpen, Die, von Dr. Rob. Sieger, Professor an der Universität Graz. Mit 19 Abb. u. 1 Karte. Nr. 129.

Althochdeutsche Literatur mit Grammatik, Übersetzung u. Erläuterungen v. Th. Schauffler, Prof. am Realgymnasium in Ulm. Nr. 28.

Alttestamentl. Religionsgeschichte von D. Dr. Max Löhr, Professor an der Universität Königsberg. Nr. 292.

Amphibien. Das Tierreich III: Reptilien u. Amphibien v. Dr. Franz Werner, Prof. an der Universität Wien. Mit 48 Abbild. Nr. 383.

Analyse, Techn.-Chem., von Dr. G. Lunge, Prof. a. d. Eidgen. Polytechnischen Schule in Zürich. Mit 16 Abb. Nr. 195.

Analysis, Höhere, I: Differentialrechnung. Von Dr. Frdr. Junker, Rektor des Realgymnasiums u. der Oberrealschule in Göppingen. Mit 68 Figuren. Nr. 87.

— — **Repetitorium und Aufgabensammlung zur Differentialrechnung** von Dr. Frdr. Junker, Rektor d. Realgymnas. u. d. Oberrealsch. in Göppingen. Mit 46 Fig. Nr. 146.

Analysis, Höhere, II: Integralrechnung. Von Dr. Friedr. Junker, Rektor des Realgymnasiums u. d. Oberrealschule in Göppingen. Mit 89 Figuren. Nr. 88

— — **Repetitorium und Aufgabensammlung zur Integralrechnung** v. Dr. Friedr. Junker, Rekt d. Realgymnas. und der Oberrealschule in Göppingen. Mit 50 Fig. Nr. 147.

— **Niedere,** von Prof. Dr. Benedikt Sporer in Ehingen. Mit 5 Fig. Nr. 53.

Arbeiterfrage, Die gewerbliche, von Werner Sombart, Prof. an der Handelshochschule Berlin. Nr. 209.

Arbeiterversicherung siehe: Sozialversicherung.

Archäologie von Dr. Friedrich Koepp, Prof. an der Universität Münster i. W. 3 Bändchen. M. 28 Abb. im Text u. 40 Tafeln. Nr. 538/40.

Arithmetik u. Algebra von Dr. Herm. Schubert, Prof. a. d. Gelehrtenschule des Johanneums in Hamburg. Nr. 47.

— — **Beispielsammlung zur Arithmetik und Algebra** von Dr. Herm. Schubert, Prof. a. d. Gelehrtenschule des Johanneums in Hamburg. Nr. 48.

Armeepferd, Das, und die Versorgung der modernen Heere mit Pferden v. Felix von Damnitz, General der Kavallerie z. D. u. ehemal. Preuß. Remonteinspekteur. Nr. 514.

Armenwesen und Armenfürsorge. Einführung in d. soziale Hilfsarbeit v. Dr. Adolf Weber, Prof. an der Handelshochschule in Köln. Nr. 346.

Arzneimittel, Neuere, ihre Zusammensetzung, Wirkung und Anwendung von Dr. med. C. Bachem, Professor der Pharmakologie an der Universität Bonn. Nr. 669.

Ästhetik, Allgemeine, von Prof. Dr. Max Diez, Lehrer a. d. Kgl. Akademie d. bild. Künste in Stuttgart. Nr. 300.

Astronomie. Größe, Bewegung u. Entfernung der Himmelskörper v. A. F. Möbius, neu bearb. von Dr. Herm. Kobold, Prof. an der Universität Kiel. **I:** Das Planetensystem. Mit 33 Abbildungen. Nr. 11.

— — **II: Kometen,** Meteore u. das **Sternsystem.** Mit 15 Figuren und **2** Sternkarten. Nr. 529.

Astronomische Geographie von Dr. Siegm. Günther, Professor an der Technischen Hochschule in München. Mit 52 Abbildungen. Nr. 92.

Astrophysik. Die Beschaffenheit der Himmelskörper v. Prof. W. F. Wislicenus. Neu bearbeitet von Dr. H. Ludendorff in Potsdam. Mit 15 Abbild. Nr. 91.

Ätherische Öle und Riechstoffe von Dr. F. Rochussen in Miltitz. Mit 9 Abbildungen. Nr. 446.

Aufsatzentwürfe v. Oberstudienrat Dr. L. W. Straub, Rektor des Eberhard-Ludwigs-Gymnas. i. Stuttg. Nr. 17.

Ausgleichungsrechnung nach der Methode der kleinsten Quadrate von Wilh. Weitbrecht, Prof der Geodäsie in Stuttgart. 2 Bändchen. Mit 16 Figuren. Nr. 302 u. 641.

Außereuropäische Erdteile, Länderkunde der, von Dr. Franz Heiderich, Professor an der Exportakademie in Wien. Mit 11 Textkärtchen und Profilen. Nr. 63.

Australien. Landeskunde u. Wirtschaftsgeographie des Festlandes Australien von Dr. Kurt Hassert, Prof. d. Geographie an d. Handels-Hochschule in Köln. Mit 8 Abb., 6 graph. Tab. u. 1 Karte. Nr. 319.

Autogenes Schweiß- und Schneidverfahren von Ingen. Hans Niese in Kiel. Mit 30 Figuren. Nr. 499.

Bade- u. Schwimmanstalten, Öffentliche, v. Dr. Karl Wolff, Stadtoberbaur., Hannover. M. 50 Fig. Nr. 380.

Baden. Badische Geschichte von Dr. Karl Brunner, Prof. am Gymnas. in Pforzheim u. Privatdozent der Geschichte an der Technischen Hochschule in Karlsruhe. Nr. 230.

— **Landeskunde von Baden** von Prof. Dr. O. Kienitz i. Karlsruhe. Mit Profil., Abb. u. 1 Karte. Nr. 199.

Bahnhöfe. Hochbauten der Bahnhöfe v. Eisenbahnbauinspekt. C. Schwab, Vorstand d. Kgl. E.-Hochbausektion Stuttgart II. **I:** Empfangsgebäude, Nebengebäude. Güterschuppen, Lokomotivschuppen. Mit 91 Abbildungen. Nr. 515.

Balkanstaaten. Geschichte d. christlichen Balkanstaaten (Bulgarien, Serbien, Rumänien, Montenegro, Griechenland) von Dr. **K. Roth** in Kempten. Nr. 331.

Bankwesen. Technik des Bankwesens von Dr. Walter Conrad, stellvert. Vorsteher der statist. Abteilung der Reichsbank in Berlin. Nr. 484.

Bauführung. Kurzgefaßtes Handbuch über das Wesen der Bauführung v. Archit. Emil Beutinger, Assistent an d. Techn. Hochschule in Darmstadt. M. 25 Fig. u. 11 Tabell. Nr. 399.

Baukunst, Die, des Abendlandes v. Dr. K. Schäfer, Assist. a. Gewerbemuseum, Bremen. Mit 22 Abb. Nr. 74.

— **des Schulhauses** v. Prof. Dr.-Ing. Ernst Vetterlein, Darmstadt. **I:** Das Schulhaus. M. 38 Abb. Nr. 443.

— — **II:** Die Schulräume — Die Nebenanlagen. M. 31 Abb. Nr. 444.

Bausteine. Die Industrie der künstlichen Bausteine und des Mörtels von Dr. G. Rauter in Charlottenburg. Mit 12 Tafeln. Nr. 234.

Baustoffkunde, Die, v. Prof. H. Haberstroh, Oberl. a. d. Herzogl. Baugewerkschule Holzminden. Mit 36 Abbildungen. Nr. 506.

Bayern. Bayerische Geschichte von Dr. Hans Ockel in Augsburg. Nr. 160.

— **Landeskunde des Königreichs Bayern** v. Dr. W. Götz, Prof. a. d. Kgl. Techn. Hochschule München. M. Profil., Abb. u. 1 Karte. Nr. 176.

Befestigungswesen. Die geschichtliche Entwicklung des Befestigungswesens vom Aufkommen der Pulvergeschütze bis zur Neuzeit von Reuleaux, Major b. Stabe d. 1. Westpreuß. Pionierbataill. Nr. 17. Mit 30 Bildern. Nr. 569.

Beschwerderecht. Das Disziplinar- u. Beschwerderecht für Heer u. Marine v. Dr. Max E. Mayer, Prof. a. d. Univ. Straßburg i. E. Nr. 517.

Betriebskraft, Die zweckmäßigste, von Friedr. Barth, Oberingen. in Nürnberg. 1. Teil: Einleitung. Dampfkraftanlagen. Verschied. Kraftmaschinen. M. 27 Abb. Nr. 224.

— — **II:** Gas-, Wasser- u. Wind-Kraftanlagen. M. 31 Abb. Nr. 225.

— — **III: Elektromotoren. Betriebskostentabellen. Graph. Darstell. Wahl d. Betriebskraft. M. 27 Abb. Nr. 474.**

Bewegungsspiele v. Dr. E. Kohlrausch, Prof. am Kgl. Kaiser Wilhelms-Gymn. zu Hannover. M. 15 Abb. Nr. 96.

Bleicherei. Textil-Industrie III: Wäscherei, Bleicherei, Färberei und ihre Hilfsstoffe v. Dr. Wilh. Massot, Prof. a. d. Preuß. höh. Fachschule für Textilindustrie in Krefeld. Mit 28 Fig. Nr. 186.

Blütenpflanzen, Das System der, mit Ausschluß der Gymnospermen von Dr. R. Pilger, Kustos am Kgl. Botanischen Garten in Berlin-Dahlem. Mit 31 Figuren. Nr. 393.

Bodenkunde von Dr. P. Vageler in Königsberg i. Pr. Nr. 455.

Bolivia. Die Cordillerenstaaten von Dr. Wilhelm Sievers, Prof. an der Universität Gießen. **I:** Einleitung, Bolivia u. Peru. Mit 16 Tafeln u. 1 lithogr. Karte. Nr. 652.

Brandenburg.-Preußische Geschichte von Prof. Dr. M. Thamm, Dir. des Kaiser Wilhelms-Gymnasiums in Montabaur. Nr. 600.

Brasilien. Landeskunde der Republik Brasilien von Bel Rodolpho von Ihering. Mit 12 Abbildungen und 1 Karte. Nr 373.

Brauereiwesen I: Mälzerei von Dr. Paul Dreverhoff, Dir. der Brauer- u. Mälzerschule zu Grimma. Mit 16 Abbildungen. Nr. 303.

Britisch-Nordamerika. Landeskunde von Britisch-Nordamerika v. Prof. Dr. A. Oppel in Bremen. Mit 13 Abb. und 1 Karte. Nr. 284.

Brückenbau, Die allgemeinen Grundlagen des, von Prof. Dr.-Ing. Th. Landsberg, Geh. Baurat in Berlin. Mit 46 Figuren. Nr. 687.

Buchführung in einfachen u. doppelten Posten v. Prof. Rob. Stern, Oberl. d. Öffentl. Handelslehranst. u. Doz. d. Handelshochschule zu Leipzig. M. vielen Formul. Nr. 115.

Buddha von Professor Dr. Edmund Hardy. Nr. 174.

Burgenkunde, Abriß der, von Hofrat Dr. Otto Piper in München. Mit 30 Abbildungen. Nr. 119.

Bürgerliches Gesetzbuch siehe: Recht des BGB.

Byzantinisches Reich. Geschichte des byzantinischen Reiches von Dr. K. Roth in Kempten. Nr. 190.

Chemie, Allgemeine u. physikalische, von Dr. Hugo Kauffmann, Prof. an der Königl. Techn. Hochschule in Stuttgart. Erster Teil. Mit 10 Figuren. Nr. 71.

— **Analytische,** von Dr. Johannes Hoppe in München. I: Theorie und Gang der Analyse. Nr. 247.

— — II: Reaktion der Metalloide und Metalle. Nr. 248.

— **Anorganische,** von Dr. Jos. Klein in Mannheim. Nr. 37.

— **Geschichte der,** von Dr. Hugo Bauer, Assist. am chemischen Laboratorium der Kgl. Techn. Hochschule Stuttgart. I: Von den ältesten Zeiten bis z. Verbrennungstheorie von Lavoisier. Nr. 264.

— — II: Von Lavoisier bis zur Gegenwart. Nr. 265.

— **der Kohlenstoffverbindungen von** Dr. Hugo Bauer, Assistent am chem. Laboratorium d. Kgl. Techn. Hochschule Stuttgart. I. II: Aliphatische Verbindungen. 2 Teile. Nr. 191. 192.

— — III: Karbocyklische Verbindungen. Nr. 193.

— — IV: Heterocyklische Verbindungen. Nr. 194

— **Organische,** von Dr. Jos Klein in Mannheim. Nr. 38.

— **Pharmazeutische,** von Privatdozent Dr. E. Mannheim in Bonn. 4 Bändchen. Nr. 543/44, 588 u. 682.

— **Physiologische,** von Dr. med. A. Legahn in Berlin. I: Assimilation. Mit 2 Tafeln. Nr. 240.

— — II: Dissimilation. M. 1 Tafel. Nr. 241.

— **Toxikologische,** von Privatdozent Dr. E. Mannheim in Bonn. Mit 6 Abbildungen. Nr. 465.

Chemische Industrie, Anorganische, von Dr. Gust. Rauter in Charlottenburg. I: Die Leblancsodaindustrie und ihre Nebenzweige. Mit 12 Tafeln. Nr. 205.

— — II: Salinenwesen, Kalisalze, Düngerindustrie u. Verwandtes. Mit 6 Tafeln. Nr. 206.

— — III: Anorganische chemische Präparate. M. 6 Taf. Nr. 207.

Chemische Technologie, Allgemeine, von Dr. Gust. Rauter in Charlottenburg. Nr. 113.

Chemisch-Technische Analyse von Dr. G. Lunge, Prof. an der Eidgen. Polytechnischen Schule in Zürich. Mit 16 Abbild. Nr. 195.

Christlichen Literaturen des Orients, Die, von Dr. Anton Baumstark. I: Einleitung. — Das christlich-aramäische u. d. koptische Schrifttum. Nr. 527.

— — II: Das christl.-arab. und das äthiop. Schrifttum. — Das christl. Schrifttum d. Armenier und Georgier. Nr. 528.

Colombia. Die Cordillerenstaaten von Dr. Wilhelm Sievers, Prof. an der Universität Gießen. II: Ecuador, Colombia u. Venezuela. Mit 16 Tafeln u. 1 lithogr. Karte. Nr. 653.

Cordillerenstaaten, Die, von Dr. Wilhelm Sievers, Prof. an der Universität Gießen. I: Einleitung, Bolivia u. Peru. Mit 16 Tafeln u. 1 lithogr. Karte. Nr. 652.

— — II: Ecuador, Colombia u. Venezuela. Mit 16 Tafeln u. 1 lithogr. Karte. Nr. 653.

Dampfkessel, Die. Kurzgefaßtes Lehrbuch mit Beispielen für das Selbststudium u. den praktischen Gebrauch von Oberingenieur Friedr. Barth in Nürnberg. I: Kesselsysteme und Feuerungen. Mit 43 Fig. Nr. 9.

— — II: Bau und Betrieb der Dampfkessel. M. 57 Fig. Nr. 521.

Dampfmaschinen, Die. Kurzgefaßtes Lehrbuch mit Beispielen für das Selbststudium und den praktischen Gebrauch von Friedr. Barth, Oberingenieur in Nürnberg. 2 Bdchn. I: Wärmetheoretische und dampftechnische Grundlagen. Mit 64 Fig. Nr. 8.

— — II: Bau und Betrieb der Dampfmaschinen. Mit 109 Fig. Nr. 572.

Dampfturbinen, Die, ihre Wirkungsweise u. Konstruktion von Ingen. Herm. Wilda, Prof. a. staatl. Technikum in Bremen. Mit 104 Abb. Nr. 274.

Desinfektion von Dr. M. Christian, Stabsarzt a. D. in Berlin. Mit 18 Abbildungen. Nr. 546.

Determinanten von P. B. Fischer, Oberl. a. d. Oberrealsch. z. Groß-Lichterfelde. Nr. 402.

Deutsche Mythologie. Germanische Mythologie von Dr. Eugen Mogk, Prof. a. d. Univers. Leipzig. Nr. 15.

Deutschen Personennamen, Die, v. Dr. Rud. Kleinpaul i. Leipzig. Nr. 422.

Deutsche Poetik von Dr. K. Borinski, Prof. a. d. Univ. München. Nr. 40.

Deutsche Rechtsgeschichte v. Dr. Richard Schröder, Prof. a. d. Univers. Heidelberg. I: Bis z. Mittelalter. Nr. 621.

— — II: Die Neuzeit. Nr. 664.

Deutsche Redelehre von Hans Probst, Gymnasialprof. i. Bamberg. Nr. 61.

Deutsche Schule, Die, im Auslande von Hans Amrhein, Seminaroberlehrer in Rheydt. Nr. 259.

Deutsches Seerecht v. Dr. Otto Brandis, Oberlandesgerichtsrat in Hamburg. I: Allgem. Lehren: Personen u. Sachen d. Seerechts. Nr. 386.

— — II: Die einz. seerechtl. Schuldverhältnisse: Verträge des Seerechts u. außervertragliche Haftung. Nr. 387.

Deutsche Stadt, Die, und ihre Verwaltung. Eine Einführung i. d. Kommunalpolitik d. Gegenw. Herausgeg. v. Dr. Otto Most, Beigeordn. d. Stadt Düsseldorf. I: Verfassung u. Verwaltung im allgemeinen; Finanzen und Steuern; Bildungs- und Kunstpflege; Gesundheitspflege. Nr. 617.

— — II: Wirtschafts- u. Sozialpolitik. Nr. 662.

— III: Technik: Städtebau, Tief- u. Hochbau. Mit 48 Abb. Nr. 663.

Deutsche Stammeskunde v. Dr. Rud. Much, a. o. Prof. a. d. Univ. Wien. Mit 2 Kart. u. 2 Taf. Nr. 126.

Deutsches Unterrichtswesen. Geschichte des deutschen Unterrichtswesens v. Prof. Dr. Friedrich Seiler, Direktor des Kgl. Gymnasiums zu Luckau. I: Von Anfang an bis zum Ende des 18. Jahrhunderts. Nr. 275.

— — II: Vom Beginn d. 19. Jahrh. bis auf die Gegenwart. Nr. 276.

Deutsche Urheberrecht, Das, an literarischen, künstlerischen u. gewerblichen Schöpfungen, mit besonderer Berücksichtigung der internat. Verträge v. Dr. Gust. Rauter, Patentanwalt in Charlottenburg. Nr. 263.

Deutsche Volkslied, Das, ausgewählt u. erläutert von Prof. Dr. Jul. Sahr. 2 Bändchen. Nr. 25 u. 132.

Deutsche Wehrverfassung von Karl Endres, Geheimer Kriegsrat u. vortragender Rat im Kriegsministerium in München. Nr. 401.

Deutsches Wörterbuch v. Dr. Richard Loewe. Nr. 64.

Deutsche Zeitungswesen, Das, von Dr. Robert Brunhuber in Köln a. Rh. Nr. 400.

Deutsches Zivilprozeßrecht von Prof. Dr. Wilhelm Kisch in Straßburg i. E. 3 Bände. Nr. 428—430.

Deutschland in römischer Zeit von Dr. Franz Cramer, Provinzialschulrat zu Münster i. W. Mit 23 Abbildungen. Nr. 633.

Dichtungen aus mittelhochdeutscher Frühzeit. In Ausw. mit Einltg. u. Wörterb. herausgeg. v. Dr. Herm. Jantzen, Direktor d. Königin Luise-Schule i. Königsberg i. Pr. Nr. 137.

Dietrichepen. Kudrun und Dietrichepen. Mit Einleitung u. Wörterbuch von Dr. O. L. Jiriczek, Prof. a. d. Universität Würzburg. Nr. 10.

Differentialrechnung von Dr. Friedr. Junker, Rektor d. Realgymnasiums u. der Oberrealschule in Göppingen. Mit 68 Figuren. Nr. 87.

— Repetitorium u. Aufgabensammlung zur Differentialrechnung von Dr. Friedr. Junker, Rektor d. Realgymnasiums u. d. Oberrealschule in Göppingen. Mit 46 Fig. Nr. 146.

Drogenkunde von Rich. Dorstewitz in Leipzig und Georg Ottersbach in Hamburg. Nr. 413.

Druckwasser- und Druckluft-Anlagen. Pumpen, Druckwasser- u. Druckluft-Anlagen von Dipl.-Ingen. Rudolf Vogdt, Regierungsbaumstr. a. D. in Aachen. Mit 87 Fig. Nr. 290.

Ecuador. Die Cordillerenstaaten von Dr. Wilhelm Sievers, Prof. an der Universität Gießen. II: Ecuador, Colombia u. Venezuela. Mit 16 Tafeln u. 1 lithogr. Karte. Nr. 653.

Eddalieder mit Grammatik, Übersetzg. u. Erläuterungen von Dr. Wilhelm Ranisch, Gymnasialoberlehrer in Osnabrück. Nr. 171.

Eisenbahnbau. Die Entwicklung des modernen Eisenbahnbaues v. Dipl. Ing. Alfred Birk, o. ö. Prof. a. d. k. k. Deutschen Techn. Hochschule in Prag. Mit 27 Abbild. Nr. 553.

Eisenbahnbetrieb, Der, v. S. Scheibner, Königl. Oberbaurat a. D. in Berlin. Mit 3 Abbildgn. Nr. 676.

Eisenbahnen, Die Linienführung der, von H. Wegele, Professor an der Techn. Hochschule in Darmstadt. Mit 52 Abbildungen. Nr. 623.

Eisenbahnfahrzeuge von H. Hinnenthal, Regierungsbaumeister u. Oberingen. in Hannover. **I:** Die Lokomotiven. Mit 89 Abbild. im Text und 2 Tafeln. Nr. 107.

— — **II:** Die Eisenbahnwagen und Bremsen. Mit Anh.: Die Eisenbahnfahrzeuge im Betrieb. Mit 56 Abb. im Text u. 3 Taf. Nr. 108.

Eisenbahnpolitik. Geschichte d. deutschen Eisenbahnpolitik v. Betriebsinspektor Dr. Edwin Kech in Karlsruhe i. B. Nr. 533.

Eisenbahnverkehr, Der, v. Kgl. Eisenbahn-Rechnungsdirektor Th. Wilbrand in Berlin-Friedenau. Nr. 618.

Eisenbetonbau, Der, v. Reg.-Baumstr. Karl Rößle. Mit 75 Abbildungen. Nr. 349.

Eisenbetonbrücken von Dr.-Ing. K. W. Schaechterle in Stuttgart. Mit 104 Abbildungen. Nr. 627.

Eisenhüttenkunde von A. Krauß, dipl. Hütteningenieur. **I:** Das Roheisen. Mit 17 Fig. u. 4 Taf. Nr. 152.

— — **II:** Das Schmiedeisen. M. 25 Fig. u. 5 Taf. Nr. 153.

Eisenkonstruktionen im Hochbau von Ingen. Karl Schindler in Meißen. Mit 115 Figuren. Nr. 322.

Eiszeitalter, Das, v. Dr. Emil Werth in Berlin-Wilmersdorf. Mit 17 Abbildungen und 1 Karte. Nr. 431.

Elastizitätslehre für Ingenieure I: Grundlagen und Allgemeines über Spannungszustände, Zylinder, Ebene Platten, Torsion, Gekrümmte Träger. Von Dr.-Ing. Max Enßlin, Prof. a. d. Kgl. Baugewerkschule Stuttgart und Privatdozent a. d. Techn. Hochschule Stuttgart. Mit 60 Abbild. Nr. 519.

Elektrischen Meßinstrumente, Die, von J. Herrmann, Prof. an der Techn. Hochschule in Stuttgart. Mit 195 Figuren. Nr. 477.

Elektrische Telegraphie, Die, von Dr. Lud. Rellstab. Mit 19 Fig. Nr. 172.

Elektrizität. Theoret. Physik III: Elektrizität u. Magnetismus von Dr. Gust. Jäger, Prof. a. d. Techn. Hochschule in Wien. Mit 33 Abbildgn. Nr. 78.

Elektrochemie von Dr. Heinr. Danneel in Genf. **I:** Theoretische Elektrochemie u. ihre physikalisch-chemischen Grundlagen. Mit 16 Fig. Nr. 252.

— — **II:** Experiment. Elektrochemie, Meßmethoden, Leitfähigkeit, Lösungen. Mit 26 Fig. Nr. 253.

Elektromagnet. Lichttheorie. Theoret. Physik IV: Elektromagnet. Lichttheorie u. Elektronik von Professor Dr. Gust. Jäger in Wien. Mit 21 Figuren. Nr. 374.

Elektrometallurgie von Dr. Friedrich Regelsberger, Kaiserl. Reg.-Rat in Steglitz-Berlin. M. 16 Fig. Nr. 110.

Elektrotechnik. Einführung in die Starkstromtechnik v. J. Herrmann, Prof. d. Elektrotechnik an der Kgl. Techn. Hochschule Stuttgart. **I:** Die physikalischen Grundlagen. Mit 95 Fig. u. 16 Taf. Nr. 196.

— — **II:** Die Gleichstromtechnik. Mit 118 Fig. und 16 Taf. Nr. 197.

— — **III:** Die Wechselstromtechnik. Mit 154 Fig. u. 16 Taf. Nr. 198.

— — **IV:** Die Erzeugung und Verteilung der elektrischen Energie. Mit 96 Figuren u. 16 Tafeln. Nr. 657.

Elektrotechnik. Die Materialien des Maschinenbaues und der Elektrotechnik von Ingenieur Prof. Hermann Wilda in Bremen. Mit 3 Abbildgn. Nr. 476.

Elsaß-Lothringen, Landeskunde von, v. Prof. Dr. R. Langenbeck in Straßburg i. E. Mit 11 Abbild. u. 1 Karte. Nr. 215.

Englisch-deutsches Gesprächsbuch von Prof. Dr. E. Hausknecht in Lausanne. Nr. 424.

Englische Geschichte v. Prof. L. Gerber, Oberlehrer in Düsseldorf. Nr. 375.

Englische Handelskorrespondenz von E. E. Whitfield, M. A., Oberlehrer an King Edward VII Grammar School in King's Lynn. Nr. 237.

Englische Literaturgeschichte von Dr. Karl Weiser in Wien. Nr. 69.

Englische Literaturgeschichte. Grundzüge und Haupttypen d. englischen Literaturgeschichte von Dr. Arnold M. M. Schröer, Professor an der Handelshochschule in Köln, 2 Teile. Nr. 286, 287.

Englische Phonetik mit Lesestücken von Dr. A. C. Dunstan, Lektor an der Universität Königsberg i. Preußen. Nr. 601.

Entwicklungsgeschichte der Tiere von Dr. Johannes Meisenheimer, Prof. der Zoologie an der Universität Jena. I: Furchung, Primitivanlagen, Larven, Formbildung, Embryonalhüllen. Mit 48 Fig. Nr. 378.
— — II: Organbildung. Mit 46 Fig. Nr. 379.

Epigonen, Die, des höfischen Epos. Auswahl aus deutschen Dichtungen des 13. Jahrhunderts von Dr. Viktor Junk, Aktuarius d. Kaiserl. Akad. der Wissenschaften in Wien. Nr. 289.

Erbrecht. Recht des Bürgerl. Gesetzbuches. Fünftes Buch: **Erbrecht** von Dr. Wilhelm von Blume, ord. Prof. der Rechte an der Univ. Tübingen. I. Abteilung: Einleitung — Die Grundlagen des Erbrechts. II. Abteilung: Die Nachlaßbeteiligten. Mit 23 Figuren. Nr. 659/60.

Erdbau von Reg.-Baum. Erwin Link in Stuttgart Mit 72 Abbild. Nr. 630.

Erdmagnetismus, Erdstrom u. Polarlicht von Dr. A. Nippoldt, Mitglied des Königl. Preußischen Meteorologischen Instituts in Potsdam. Mit 7 Tafeln und 16 Figuren. Nr. 175.

Erdteile, Länderkunde der außereuropäischen, von Dr. Franz Heiderich, Prof. a. d. Exportakad. in Wien. Mit 11 Textkärtchen u. Profilen. Nr. 63.

Ernährung und Nahrungsmittel von Oberstabsarzt Professor H. Bischoff in Berlin. Mit 4 Abbild. Nr. 464.

Ethik von Prof. Dr. Thomas Achelis in Bremen. Nr. 90.

Europa, Länderkunde von, von Dr. Franz Heiderich, Prof. a. d. Exportakademie in Wien. Mit 14 Textkärtchen u. Diagrammen u. einer Karte der Alpeneinteilung. Nr. 62.

Exkursionsflora von Deutschland zum Bestimmen d. häufigeren i. Deutschland wildwachsenden Pflanzen von Dr. W. Migula, Prof. an der Forstakademie Eisenach. 2 Teile. Mit je 50 Abbildungen. Nr. 268 und 269.

Experimentalphysik v. Prof. R. Lang in Stuttgart. I: Mechanik der festen, flüssigen und gasigen Körper. Mit 125 Figuren. Nr. 611.
— — II: Wellenlehre u. Akustik. Mit 69 Figuren. Nr. 612.

Explosivstoffe Einführung in d. Chemie der explosiven Vorgänge von Dr. H. Brunswig in Steglitz. Mit 6 Abbild. und 12 Tab. Nr. 333.

Familienrecht. Recht d. Bürgerlichen Gesetzbuches. Viertes Buch: Familienrecht von Dr. Heinrich Titze, Prof. a. d. Univ. Göttingen. Nr. 305.

Färberei. Textil-Industrie III: Wäscherei, Bleicherei, Färberei und ihre Hilfsstoffe von Dr. Wilhelm Massot, Prof. an der Preußischen höheren Fachschule f. Textilindustrie in Krefeld. Mit 28 Fig. Nr. 186.

Feldgeschütz, Das moderne, v. Oberstleutnant W. Heydenreich, Militärlehrer a. d. Militärtechn. Akademie in Berlin. I: Die Entwicklung des Feldgeschützes seit Einführung des gezogenen Infanteriegewehrs bis einschl. der Erfindung des rauchl. Pulvers, etwa 1850 bis 1890. Mit 1 Abbild. Nr. 306.
— — II: Die Entwicklung d. heutigen Feldgeschützes auf Grund der Erfindung des rauchlosen Pulvers, etwa 1890 bis zur Gegenwart. Mit 11 Abbild. Nr. 307.

Fernsprechwesen, Das, von Dr. Ludwig Rellstab in Berlin. Mit 47 Fig. und 1 Tafel. Nr. 155.

Festigkeitslehre v. W. Hauber, Dipl.-Ingenieur. Mit 56 Fig. Nr. 288.
— **Aufgabensammlung zur Festigkeitslehre mit Lösungen** von R. Haren, Diplom-Ingenieur in Mannheim. Mit 42 Fig. Nr. 491.

Fette, Die, und Öle sowie die Seifen- u. Kerzenfabrikat. u. d. Harze, Lacke, Firnisse m. ihren wicht. Hilfsstoffen von Dr. Karl Braun in Berlin. I: Einführung in die Chemie, Besprechung einiger Salze und der Fette und Öle. Nr. 335

Fette, Die, und Öle. II: Die Seifenfabrikation, die Seifenanalyse und die Kerzenfabrikation. Mit 25 Abbildungen. Nr. 336.

— — **III:** Harze, Lacke, Firnisse. Nr. 337

Feuerwaffen. Geschichte d. gesamten Feuerwaffen bis 1850. Die Entwicklung der Feuerwaffen v. ihrem ersten Auftreten bis zur Einführung d. gezog. Hinterlader, unter besond. Berücksichtig. d. Heeresbewaffnung von Major a. D. W. Gohlke, Steglitz-Berlin. Mit 105 Abbild. Nr. 530.

Feuerwerkerei, Die, von Direktor Dr. Alfons Bujard, Vorstand des Städt. Chemischen Laboratoriums in Stuttgart. Mit 6 Fig. Nr 634.

Filzfabrikation. Textil-Industrie II: Weberei, Wirkerei, Posamentiererei, Spitzen- und Gardinenfabrikation und Filzfabrikation von Professor Max Gürtler, Geh. Regierungsr. im Kgl. Landesgewerbeamt zu Berlin. Mit 29 Fig. Nr. 185.

Finanzsysteme der Großmächte, Die, (Internat. Staats- und Gemeinde-Finanzwesen) v. O. Schwarz, Geh. Oberfinanzrat in Berlin. 2 Bändchen. Nr. 450 und 451.

Finanzwissenschaft von Präsident Dr. R. van der Borght in Berlin. **I:** Allgemeiner Teil. Nr. 148

— — **II:** Besonderer Teil (Steuerlehre). Nr. 391.

Finnisch-ugrische Sprachwissenschaft von Dr. Josef Szinnyei Prof. an der Universität Budapest. Nr. 463.

Finnland. Landeskunde des Europäischen Rußlands nebst Finnlands von Prof. Dr. A. Philippson in Halle a. S. Nr. 359.

Firnisse. Harze, Lacke, Firnisse von Dr. Karl Braun in Berlin. (Fette und Öle III.) Nr. 337.

Fische. Das Tierreich IV: Fische von Prof. Dr. Max Rauther in Neapel. Mit 37 Abbild. Nr. 356.

Fischerei und Fischzucht von Dr. Karl Eckstein, Prof. a. d. Forstakademie Eberswalde, Abteilungsdirigent bei der Hauptstation des forstlichen Versuchswesens. Nr. 159.

Flechten, Die. Eine Übersicht unserer Kenntnisse v. Prof. Dr. G. Lindau, Kustos a. Kgl. Botanisch. Museum, Privatdozent an d. Univers. Berlin. Mit 55 Figuren. Nr. 683.

Flora. Exkursionsflora von Deutschland zum Bestimmen der häufigeren in Deutschland wildwachsenden Pflanzen v. Dr. W. Migula, Prof. a. d. Forstakademie Eisenach. 2 Teile. Mit je 50 Abbild. Nr. 268, 269.

Flußbau von Regierungsbaumeister Otto Rappold in Stuttgart. Mit 103 Abbildungen. Nr. 597.

Fördermaschinen, Die elektrisch betriebenen, von A. Balthaser, Dipl.-Bergingenieur. Mit 62 Figuren. Nr. 678.

Forensische Psychiatrie von Professor Dr. W. Weygandt, Dir. d. Irrenanstalt Friedrichsberg i. Hamburg. 2 Bändchen. Nr. 410 u. 411.

Forstwissenschaft v. Dr. Ad. Schwappach, Prof. a. d. Forstakad. Eberswalde, Abteil.-Dirig. b. d. Hauptstat. d. forstl. Versuchswesens. Nr. 106.

Fortbildungsschulwesen, Das deutsche, nach seiner geschichtl. Entwicklung u. i. sein. gegenwärt. Gestalt v. H. Sierck, Revisor gewerbl. Fortbildungsschulen in Schleswig. Nr. 392.

Franken. Geschichte Frankens v. Dr. Christ. Meyer, Kgl. preuß. Staatsarchivar a. D., München. Nr. 434.

Frankreich. Französische Geschichte v. Dr. R. Sternfeld, Prof. an der Universität Berlin. Nr. 85.

Frankreich. Landesk. v. Frankreich v. Dr. Rich. Neuse, Direkt. d. Oberrealschule in Spandau. 1. Bändch. M. 23 Abb. im Text u. 16 Landschaftsbild. auf 16 Taf. Nr. 466.

— — 2. Bändchen. Mit 15 Abb. im Text, 18 Landschaftsbild. auf 16 Tafeln u. 1 lithogr. Karte. Nr. 467.

Französisch-deutsches Gesprächsbuch von C. Francillon, Lektor am orientalisch. Seminar u. an d. Handelshochschule in Berlin. Nr. 596.

Französische Handelskorrespondenz v. Prof. Th. de Beaux, Officier de l'Instruction Publique. Nr. 183.

Französisches Lesebuch mit Wörterverzeichnis von Cyprien Francillon, Lektor a. oriental. Seminar u. a. d. Handelshochschule i. Berlin. Nr. 643.

Fremdwort, Das, im Deutschen v. Dr. Rud. Kleinpaul, Leipzig. Nr. 55.

Fremdwörterbuch, Deutsches, von Dr. Rud. Kleinpaul, Leipzig. Nr. 273.

Fuge. Erläuterung u. Anleitung zur Komposition derselben v. Prof. Stephan Krehl in Leipzig. Nr. 418.

Funktionentheorie von Dr. Konrad Knopp, Privatdozent an der Universität Berlin. I: Grundlagen der allgemeinen Theorie der analyt. Funktionen. Mit 9 Fig. Nr. 668.

— **Einleitung in die,** (Theorie der komplexen Zahlenreihen) von Max Rose, Oberlehrer an der Goetheschule in Deutsch-Wilmersdorf. Mit 10 Figuren. Nr. 581.

Fußartillerie, Die, ihre Organisation, Bewaffnung u. Ausbildg. v. Splett, Oberleutn. im Lehrbat. d. Fußart.-Schießschule u. Biermann, Oberleutn. in der Versuchsbatt. d. Art.-Prüfungskomm. M. 35 Fig. Nr. 560.

Gardinenfabrikation. Textilindustrie II: Weberei, Wirkerei, Posamentiererei, Spitzen- u. Gardinenfabrikation u. Filzfabrikation von Prof. Max Gürtler, Geh. Reg.-Rat im Kgl. Landesgewerbeamt zu Berlin. Mit 29 Figuren. Nr. 185.

Gas- und Wasserinstallationen mit Einschluß der Abortanlagen von Prof. Dr. phil. und Dr.-Ingen. Eduard Schmitt in Darmstadt. Mit 119 Abbildungen. Nr. 412.

Gaskraftmaschinen, Die, v. Ing. Alfred Kirschke in Kiel. 2 Bändchen. Mit vielen Figuren. Nr. 316 u. 651.

Gasthäuser und Hotels von Architekt Max Wöhler in Düsseldorf. I: Die Bestandteile u. die Einrichtung des Gasthauses. Mit 70 Fig. Nr. 525.

— — II: Die verschiedenen Arten von Gasthäusern. Mit 82 Fig. Nr. 526.

Gebirgsartillerie. Die Entwicklung der Gebirgsartillerie von Klußmann, Oberst u. Kommandeur der 1. Feld-Art.-Brigade in Königsberg i. Pr. Mit 78 Bildern und Übersichtstafeln. Nr. 531.

Genossenschaftswesen, Das, in Deutschland v. Dr. Otto Lindecke in Düsseldorf. Nr. 384.

Geodäsie von Prof. Dr. C. Reinhertz in Hannover. Neubearbeitet von Dr. G. Förster, Observator a. Geodätisch. Inst. Potsdam. M. 68 Abb. Nr. 102.

Geodäsie. Vermessungskunde v. Dipl.-Ing. P. Werkmeister, Oberlehr. a. d. Kais. Techn. Schule i. Straßburg i. E. I: Feldmessen u. Nivellieren. Mit 146 Abb. II: Der Theodolit. Trigonometr. u barometr. Höhenmessg. Tachymetr. M. 109 Abb. Nr. 468, 469.

Geographie, Geschichte der, von Prof. Dr. Konrad Kretschmer i. Charlottenburg. Mit 11 Kart. im Text. Nr. 624.

Geologie in kurzem Auszug f. Schulen u. zur Selbstbelehrung zusammengestellt v. Prof. Dr. Eberh. Fraas in Stuttgart. Mit 16 Abbild. u. 4 Tafeln mit 51 Figuren. Nr. 13.

Geometrie, Analytische, der Ebene v. Prof. Dr. M. Simon in Straßburg. Mit 52 Figuren. Nr. 65.

— — **Aufgabensammlung zur Analytischen Geometrie der Ebene** von O. Th. Bürklen, Professor am Kgl. Realgymnasium in Schwäb.-Gmünd. Mit 32 Fig. Nr. 256.

— — **des Raumes** von Prof. Dr. M. Simon in Straßburg. Mit 28 Abbildungen. Nr. 89.

— — **Aufgabensammlung zur Analytischen Geometrie des Raumes** von O. Th. Bürklen, Professor am Kgl. Realgymnasium in Schwäb.-Gmünd. Mit 8 Fig. Nr. 309.

— **Darstellende,** von Dr Robert Haußner, Prof. an d. Univ. Jena, I. Mit 110 Figuren. Nr. 142.

— — II. Mit 40 Figuren. Nr. 143.

— **Ebene,** von G. Mahler, Professor am Gymnasium in Ulm. Mit 111 zweifarbigen Figuren. Nr. 41.

— **Projektive,** in synthet. Behandlung von Dr. Karl Doehlemann, Prof. an der Universität München. Mit 91 Figuren. Nr. 72.

Geometrische Optik, Einführung in die, von Dr. W. Hinrichs in Wilmersdorf-Berlin. Nr. 532.

Geometrisches Zeichnen von H. Becker, Architekt u. Lehrer an der Baugewerkschule in Magdeburg, neubearbeitet von Prof. J. Vonderlinn in Münster. Mit 290 Figuren und 23 Tafeln im Text. Nr. 58.

Germanische Mythologie von Dr. E. Mogk, Prof. a. d. Univ. Leipzig. Nr. 15.

Germanische Sprachwissenschaft von Dr. Rich. Loewe. Nr. 238.

Griechische u. römische Mythologie v. Prof. Dr. Herm. Steuding, Rekt. d. Gymnas. in Schneeberg. Nr. 27.

Grundbuchrecht, Das formelle, von Oberlandesgerichtsr. Dr. F. Kretzschmar in Dresden. Nr. 549.

Handelspolitik, Auswärtige, von Dr. Heinr. Sieveking, Professor an der Universität Zürich. Nr. 245.

Handelsrecht, Deutsches, von Dr. Karl Lehmann, Prof. an d. Universität Göttingen. **I:** Einleitung. Der Kaufmann u. seine Hilfspersonen. Offene Handelsgesellschaft. Kommandit- und stille Gesellschaft. Nr. 457.

— — **II:** Aktiengesellschaft. Gesellsch. m. b. H. Eing. Gen. Handelsgesch. Nr. 458.

Handelsschulwesen, Das deutsche, von Direktor Theodor Blum in Dessau. Nr. 558.

Handelsstand, Der, von Rechtsanwalt Dr. jur. Bruno Springer in Leipzig (Kaufmänn. Rechtskunde. Bd. 2). Nr. 545.

Handelswesen, Das, von Geh. Oberregierungsrat Dr. Wilh. Lexis, Professor an der Universität Göttingen. **I:** Das Handelspersonal und der Warenhandel. Nr. 296.

— — **II:** Die Effektenbörse und die innere Handelspolitik. Nr. 297.

Handfeuerwaffen, Die Entwicklung der, seit der Mitte des 19. Jahrhunderts u. ihr heutiger Stand von G. Wrzodek, Hauptmann u. Kompagniechef im Inf.-Reg. Freiherr Hiller von Gärtringen (4 Posensches) Nr. 59 i. Soldau. M. 21 Abb. Nr. 366.

Harmonielehre von A. Halm. Mit vielen Notenbeispielen. Nr. 120.

Hartmann von Aue, Wolfram von Eschenbach und Gottfried von Straßburg Auswahl aus d. höfischen Epos mit Anmerk. u. Wörterbuch von Dr. K. Marold, Prof. am Königl. Friedrichs-Kollegium zu Königsberg i. Pr. Nr. 22.

Harze, Lacke, Firnisse von Dr. Karl Braun in Berlin. (Die Fette und Öle III). Nr. 337.

Hebezeuge, Die, ihre Konstruktion u. Berechnung von Ing. Prof. Herm. Wilda, Bremen. Mit 399 Abb. Nr. 414.

Heeresorganisation, Die Entwicklung der, seit Einführung der stehenden Heere von Otto Neuschler, Hauptmann u. Batteriechef in Ulm. I: Geschichtl. Entwicklung bis zum Ausgange d. 19. Jahrh. Nr. 552.

Heizung u. Lüftung v. Ing. Johannes Körting in Düsseldorf. **I:** Das Wesen u. die Berechnung der Heizungs- u. Lüftungsanlagen. Mit 34 Figuren. Nr. 342.

— — **II:** Die Ausführung der Heizungs- u. Lüftungsanlagen. Mit 191 Figuren. Nr. 343.

Hessen. Landeskunde des Großherzogtums Hessen, der Provinz Hessen-Nassau und des Fürstentums Waldeck v. Prof. Dr. Georg Greim in Darmstadt. Mit 13 Abbildungen und 1 Karte. Nr. 376.

Hieroglyphen von Geh. Regier.-Rat Dr. Ad. Erman, Prof. an der Universität Berlin. Nr. 608.

Hochspannungstechnik, Einführ. in die moderne, von Dr.-Ing. K. Fischer in Hamburg-Bergedorf. Mit 92 Fig. Nr. 609.

Holz, Das. Aufbau, Eigenschaften u. Verwendung v. Ing. Prof. Herm. Wilda in Bremen. Mit 33 Abb. Nr. 459.

Hotels. Gasthäuser und Hotels von Archit. Max Wöhler in Düsseldorf. **I:** Die Bestandteile u. d. Einrichtg. des Gasthauses. Mit 70 Figuren. Nr. 525.

— — **II:** Die verschiedenen Arten von Gasthäusern. Mit 82 Figuren. Nr. 526.

Hydraulik v. W. Hauber, Dipl.-Ing. in Stuttgart. Mit 44 Figuren. Nr. 397.

Hygiene des Städtebaus, Die, von Prof. H. Chr. Nußbaum in Hannover. Mit 30 Abb. Nr. 348.

— **des Wohnungswesens, Die,** von Prof. H. Chr. Nußbaum in Hannover. Mit 5 Abbild. Nr. 363.

Iberische Halbinsel. Landeskunde der Iberischen Halbinsel von Dr. Fritz Regel, Prof. a. d. Univ. Würzburg. M. 8 Kärtchen u. 8 Abb. im Text u. 1 Karte in Farbendruck. Nr. 235.

Indische Religionsgeschichte von Prof. Dr. Edmund Hardy. Nr. 83.

Indogerman. Sprachwissenschaft von Dr. R. Meringer, Professor an der Univers. Graz. M. 1 Tafel. Nr. 59.

Industrielle u. gewerbliche Bauten (Speicher, Lagerhäuser u. Fabriken) von Architekt Heinr. Salzmann in Düsseldorf. **I:** Allgemeines üb. Anlage u. Konstruktion d. industriellen u. gewerblichen Bauten. Nr. 511.

— — **II:** Speicher und Lagerhäuser. Mit 123 Figuren. Nr. 512.

Infektionskrankheiten, Die, und ihre Verhütung von Stabsarzt Dr. W. Hoffmann in Berlin. Mit 12 vom Verfasser gezeichneten Abbildungen und einer Fiebertafel. Nr. 327.

Insekten. Das Tierreich V: Insekten von Dr. J. Groß in Neapel (Stazione Zoologica). Mit 56 Abbildungen. Nr. 594.

Instrumentenlehre v. Musikdir. Franz Mayerhoff in Chemnitz. **I:** Text. Nr. 437.

— — **II:** Notenbeispiele. Nr. 438.

Integralrechnung von Dr. Friedr. Junker, Rekt. d. Realgymnasiums u. d. Oberrealschule in Göppingen. Mit 89 Figuren. Nr. 88.

Integralrechnung. Repetitorium u. Aufgabensammlung zur Integralrechnung von Dr. Friedr. Junker, Rekt. d. Realgymnasiums u. der Oberrealschule in Göppingen. Mit 52 Figuren. Nr. 147.

Israel. Geschichte Israels bis auf die griechische Zeit von Lic. Dr. J. Benzinger. Nr. 231.

Italienische Handelskorrespondenz v. Prof. Alberto de Beaux, Oberlehrer am Königl. Institut S. S. Annunziata in Florenz. Nr. 219.

Italienische Literaturgeschichte von Dr. Karl Voßler, Professor an der Universität München. Nr. 125.

Kalkulation, Die, im Maschinenbau von Ingen. H. Bethmann, Dozent am Technikum Altenburg. Mit 63 Abbildungen. Nr. 486.

Kältemaschinen. Die thermodynamischen Grundlagen der Wärmekraft- und Kältemaschinen von M. Röttinger, Dipl.-Ing. in Mannheim. Mit 73 Figuren. Nr. 2.

Kamerun. Die deutschen Kolonien I: Togo und Kamerun von Prof. Dr. Karl Dove. Mit 16 Tafeln und einer lithogr. Karte. Nr. 441.

Kanal- und Schleusenbau von Regierungsbaumeister Otto Rappold in Stuttgart. Mit 78 Abb. Nr. 585.

Kant, Immanuel. (Geschichte d. Philosophie Bd. 5) v. Dr. Bruno Bauch, Prof. a. d. Univ. Jena. Nr. 536.

Kartell u. Trust v. Dr. S. Tschierschky in Düsseldorf. Nr. 522.

Kartenkunde von Dr. M. Groll, Kartograph i. Berlin. 2 Bändchen. **I:** Die Projektionen. Mit 56 Fig. Nr. 30.

— — **II:** Der Karteninhalt u. das Messen auf Karten. Mit 39 Fig. Nr. 599.

Kartographische Aufnahmen u. geograph. Ortsbestimmung auf Reisen von Dr.-Ing. R. Hugershoff, Prof. an der Forstakademie zu Tharandt. Mit 73 Figuren. Nr. 607.

Katholischen Kirche, Geschichte der, von der Mitte des 18. Jahrh. bis zum Vatikanischen Konzil von Geh. Kons.-Rat Prf. D. Mirbt i. Göttingen. Nr. 700.

Kaufmännische Rechtskunde. I: Das Wechselwesen v. Rechtsanwalt Dr. Rud. Mothes in Leipzig. Nr. 103.

— **II:** Der Handelsstand v. Rechtsanw. Dr. jur. B. Springer, Leipzig. Nr. 545.

Kaufmännisches Rechnen von Prof. Richard Just, Oberlehrer a. d. Öffentl. Handelslehranstalt d. Dresdener Kaufmannschaft. I. II. III. Nr. 139, 140, 187.

Keramische Industrie. Die Industrie der Silikate, der künstlichen Bausteine und des Mörtels von Dr. Gust. Rauter. **I:** Glas- u. keram. Industrie. Mit 12 Taf. Nr. 233.

Kerzenfabrikation. Die Seifenfabrikation, die Seifenanalyse und die Kerzenfabrikation von Dr. Karl Braun in Berlin. (Die Fette u. Öle II.) Mit 25 Abb. Nr. 336.

Kiautschou. Die deutschen Kolonien II: Das Südseegebiet und Kiautschou v. Prof. Dr. K. Dove. Mit 16 Taf. u. 1 lithogr. Karte. Nr. 520.

Kindesrecht u. Kinderschutz von Assessor H. E. Wendel in Grunewald. Nr. 693.

Kinematik von Dipl.-Ing. Hans Polster, Assist. a. d. Kgl. Techn. Hochschule Dresden. M. 76 Abb. Nr. 584.

Kirchenrecht v. Dr. E. Sehling, ord. Prof. d. Rechte in Erlangen. Nr. 377.

Klima und Leben (Bioklimatologie) von Dr. Wilh. R. Eckardt, Assist. an der öffentl. Wetterdienststelle in Weilburg. Nr. 629.

Klimakunde I: Allgemeine Klimalehre von Prof. Dr. W. Köppen, Meteorologe der Seewarte Hamburg. Mit 7 Taf. u. 2 Figuren. Nr. 114.

Kolonialgeschichte von Dr. Dietrich Schäfer, Professor der Geschichte an der Universität Berlin. Nr. 156.

Kolonialrecht, Deutsches, von Prof. Dr. H. Edler von Hoffmann, Studiendirektor d. Akademie für kommunale Verwaltung in Düsseldorf. Nr. 318.

Kometen. Astronomie. Größe, Bewegung u. Entfernung d. Himmelskörper v. A. F. Möbius, neu bearb. v. Dr. Herm. Kobold, Prof. an der Univ. Kiel. II: Kometen, Meteore u. das Sternsystem. Mit 15 Fig. u. 2 Sternkarten. Nr. 529.

Kommunale Wirtschaftspflege von Dr. Alfons Rieß, Magistratsassessor in Berlin. Nr. 534.

Kompositionslehre. Musikalische Formenlehre v. Steph. Krehl. I. II. M. viel. Notenbeispiel. Nr. 149, 150.

Kontrapunkt. Die Lehre von der selbständigen Stimmführung v. Steph. Krehl in Leipzig. Nr. 390.

Kontrollwesen, Das agrikulturchemische, von Dr. Paul Kirsche in Leopoldshall-Staßfurt. Nr. 304.

Koordinatensysteme v. Paul B. Fischer, Oberl. a. d. Oberrealschule zu Groß-Lichterfelde. Mit 8 Fig. Nr. 507.

Körper, Der menschliche, sein Bau und seine Tätigkeiten von E. Rebmann, Oberschulr. i. Karlsruhe. Mit Gesundheitslehre von Dr. med. H. Seiler. M. 47 Abb. u. 1 Taf. Nr. 18.

Kostenanschlag siehe: Veranschlagen.

Kriegsschiffbau. Die Entwicklung des Kriegsschiffbaues vom Altertum bis zur Neuzeit. Von Tjard Schwarz, Geh. Marinebaurat und Schiffbau-Direktor. I. Teil: Das Zeitalter der Ruderschiffe u. der Segelschiffe für die Kriegsführung zur See vom Altertum bis 1840. Mit 32 Abbildungen. Nr. 471.

— — II. Teil: Das Zeitalter der Dampfschiffe für die Kriegsführung zur See von 1840 bis zur Neuzeit. Mit 81 Abbildungen. Nr. 472.

Kriegswesens, Geschichte des, von Dr. Emil Daniels in Berlin. I: Das antike Kriegswesen. Nr. 488.

— — II: Das mittelalterliche Kriegswesen. Nr. 498.

Kriegswesens, Geschichte des, von Dr. Emil Daniels in Berlin. III: Das Kriegswesen der Neuzeit. Erster Teil. Nr. 518.

— — IV: Das Kriegswesen der Neuzeit. Zweiter Teil. Nr. 537.

— — V: Das Kriegswesen der Neuzeit. Dritter Teil. Nr. 568.

— — VI: Das Kriegswesen der Neuzeit. Vierter Teil. Nr. 670.

— — VII: Das Kriegswesen der Neuzeit. Fünfter Teil. Nr. 671.

Kristallographie v. Dr. W. Bruhns, Prof. a. d. Bergakademie Clausthal. Mit 190 Abbild. Nr. 210.

Kristalloptik, Einführung in die, von Dr. Eberhard Buchwald i. München. Mit 124 Abbildungen. Nr. 619.

Kudrun und Dietrichepen. Mit Einleitung und Wörterbuch von Dr. O. L. Jiriczek, Professor an der Universität Würzburg. Nr. 10.

Kultur, Die, der Renaissance. Gesittung, Forschung, Dichtung v. Dr. Robert F. Arnold, Professor an der Universität Wien. Nr. 189.

Kulturgeschichte, Deutsche, von Dr. Reinh. Günther. Nr. 56.

Kurvendiskussion. Algebraische Kurven von Eug. Beutel, Oberreallehrer in Vaihingen-Enz. I: Kurvendiskussion. Mit 57 Fig. im Text. Nr. 435.

Kurzschrift siehe: Stenographie.

Küstenartillerie. Die Entwicklung der Schiffs- und Küstenartillerie bis zur Gegenwart v. Korvettenkapitän Huning. Mit Abb. u. Tab. Nr. 606.

Lacke. Harze, Lacke, Firnisse von Dr. Karl Braun in Berlin. (Die Fette und Öle III.) Nr. 337.

Lagerhäuser. Industrielle und gewerbliche Bauten. (Speicher, Lagerhäuser u. Fabriken) von Architekt Heinrich Salzmann, Düsseldorf. II: Speicher u. Lagerhäuser. Mit 123 Fig. Nr. 512.

Länder- und Völkernamen von Dr. Rud. Kleinpaul in Leipzig. Nr. 478.

Landstraßenbau von Kgl. Oberlehrer A. Liebmann, Betriebsdirekt. a. D. i. Magdeburg. Mit 44 Fig. Nr. 598.

Landwirtschaftliche Betriebslehre v. E. Langenbeck in Groß-Lichterfelde. Nr. 227.

Landwirtschaftlichen Maschinen, Die, von Karl Walther, Diplom.-Ing. in Mannheim. 3 Bändchen. Mit vielen Abbildgn. Nr. 407—409

Lateinische Grammatik. Grundriß der latein. Sprachlehre v. Prof. Dr. W. Votsch in Magdeburg. Nr. 82.

— **Sprache. Geschichte der lateinischen Sprache** von Dr. Friedrich Stolz, Professor an der Universität Innsbruck. Nr. 492.

Leuchtgasfabrikation, Die Nebenprodukte der, von Dr. phil. K. R. Lange, Diplom-Ingenieur. Mit 13 Figuren. Nr. 661.

Licht. Theoretische Physik II. Teil: Licht und Wärme. Von Dr. Gust. Jäger, Prof. an der Techn. Hochschule in Wien. M. 47 Abb. Nr. 77.

Logarithmen. Vierstellige Tafeln und Gegentafeln für logarithmisches u. trigonometrisches Rechnen in zwei Farben zusammengestellt von Dr. Herm. Schubert, Prof. an der Gelehrtenschule des Johanneums in Hamburg. Neue Ausgabe v. Dr. Robert Haußner, Prof. an der Universität Jena. Nr. 81

— **Fünfstellige,** von Professor August Adler, Direktor der k. k. Staatsoberrealschule in Wien. Nr. 423.

Logik. Psychologie und Logik zur Einführung in die Philosophie von Professor Dr. Th. Elsenhans. Mit 13 Figuren. Nr. 14.

Lokomotiven. Eisenbahnfahrzeuge von H. Hinnenthal. **I:** Die Lokomotiven. Mit 89 Abb. im Text u. 2 Tafeln. Nr. 107.

Lothringen. Geschichte Lothringens von Dr. Herm. Derichsweiler, Geh. Regierungsrat in Straßburg. Nr. 6.

— **Landeskunde v. Elsaß-Lothringen** v. Prof. Dr. R. Langenbeck in Straßburg i. E. Mit 11 Abb. u. 1 Karte. Nr. 215.

Lötrohrprobierkunde. Qualitative Analyse mit Hilfe des Lötrohrs von Dr. Mart. Henglein in Freiberg i. Sa. Mit 10 Figuren. Nr. 483.

Lübeck. Landeskunde d. Großherzogtümer Mecklenburg u. der Freien u. Hansestadt Lübeck v. Dr. Sebald Schwarz, Direktor der Realschule zum Dom in Lübeck. Mit 17 Abbildungen und Karten im Text und 1 lithographischen Karte. Nr. 487.

Luftelektrizität von Dr. Karl Kähler, wissenschaftlichem Hilfsarbeiter am Königl. Preuß. Meteorologisch-Magnetischen Observatorium in Potsdam. Mit 18 Abb. Nr. 649.

Luftsalpeter. Seine Gewinnung durch den elektrischen Flammenbogen von Dr. G. Brion, Prof. an der Kgl. Bergakademie in Freiberg. Mit 50 Figuren. Nr. 616.

Luft- und Meeresströmungen von Dr. Franz Schulze, Direktor der Navigationsschule zu Lübeck. Mit 27 Abbildungen und Tafeln. Nr. 551.

Lüftung. Heizung und Lüftung von Ing. Johannes Körting in Düsseldorf. **I:** Das Wesen und die Berechnung d. Heizungs- u. Lüftungsanlagen. Mit 34 Fig. Nr. 342.

— — **II:** Die Ausführung der Heizungs- und Lüftungsanlagen. Mit 191 Figuren. Nr. 343.

Luther, Martin, und Thom. Murner. Ausgewählt und mit Einleitungen u. Anmerkungen versehen v. Prof. G. Berlit, Oberlehrer am Nikolaigymnasium zu Leipzig. Nr. 7.

Magnetismus. Theoretische Physik III. Teil: Elektrizität u. Magnetismus. Von Dr. Gustav Jäger, Prof. an der Technischen Hochschule Wien. Mit 33 Abbildungen. Nr. 78.

Mälzerei. Brauereiwesen I: Mälzerei von Dr. P. Dreverhoff, Direktor d. Öffentlichen und 1. Sächs. Versuchsstation für Brauerei und Mälzerei, sowie der Brauer- und Mälzerschule zu Grimma. Nr. 303.

Maschinenbau, Die Kalkulation im, v. Ing. H. Bethmann, Doz. a. Techn. Altenburg. Mit 63 Abb. Nr. 486.

— **Die Materialien des Maschinenbaues und der Elektrotechnik** von Ingenieur Prof. Hermann Wilda. Mit 3 Abbildungen. Nr. 476.

Maschinenelemente, Die. Kurzgefaßtes Lehrbuch mit Beispielen für das Selbststudium u. d. praktischen Gebrauch von **Fr. Barth,** Oberingen. in Nürnberg. Mit 86 Fig. Nr. 3.

Maschinenzeichnen, Praktisches, von Obering. Rich. Schiffner in Warmbrunn. **I:** Grundbegriffe, Einfache Maschinenteile bis zu den Kuppelungen. Mit 60 Tafeln. Nr. 589.

Maschinenzeichnen, Praktisches, von Ing. Richard Schiffner in Warmbrunn. **II:** Lager, Riem- u. Seilscheiben, Zahnräder, Kolbenpumpe. Mit 51 Tafeln. Nr. 590.

Maßanalyse von Dr. Otto Röhm in Darmstadt. Mit 14 Fig. Nr. 221.

Maß-, Münz- und Gewichtswesen von Dr. August Blind, Professor an der Handelsschule in Köln. Nr. 283.

Materialprüfungswesen. Einführung in die moderne Technik d. Materialprüfung von K. Memmler, Dipl.-Ingenieur, ständ. Mitarbeiter am Kgl. Material-Prüfungsamte zu Groß-Lichterfelde. **I:** Materialeigenschaften.— Festigkeitsversuche. — Hilfsmittel für Festigkeitsversuche. Mit 58 Figuren. Nr. 311.

— — **II:** Metallprüfung und Prüfung von Hilfsmaterialien des Maschinenbaues. — Baumaterialprüfung. — Papierprüfung. — Schmiermittelprüfung. — Einiges über Metallographie. Mit 31 Fig. Nr. 312.

Mathematik, Geschichte der, von Dr. A. Sturm, Prof. am Obergymnasium in Seitenstetten. Nr. 226.

Mathematische Formelsammlung und Repetitorium der Mathematik, enthaltend die wichtigsten Formeln u. Lehrsätze d. Arithmetik, Algebra, algebraischen Analysis, ebenen Geometrie, Stereometrie, ebenen und sphärischen Trigonometrie, math. Geographie, analyt. Geometrie der Ebene und des Raumes, der Differential- und Integralrechnung von O. Th. Bürklen, Professor am Kgl. Realgymnasium in Schw.-Gmünd. Mit 18 Figuren. Nr. 51.

Maurer- und Steinhauerarbeiten von Prof. Dr. phil. und Dr.-Ing. Ed. Schmitt in Darmstadt. 3 Bändchen. Mit vielen Abbild. Nr. 419—421.

Mechanik. Theoret. Physik I. Teil: Mechanik und Akustik. Von Dr. Gust. Jäger, Prof. an der Technischen Hochschule in Wien. Mit 19 Abbildungen. Nr. 76.

Mechanische Technologie von Geh. Hofrat Professor A. Lüdicke in Braunschweig. 2 Bändchen. Nr. 340, 341.

Mecklenburg. Landeskunde d. Großherzogtümer Mecklenburg u. der Freien u. Hansestadt Lübeck von Dr. Sebald Schwarz, Direktor der Realschule zum Dom in Lübeck. Mit 17 Abbild. im Text, 16 Taf. und 1 Karte in Lithographie. Nr. 487.

Mecklenburgische Geschichte von Oberlehrer Otto Vitense in Neubrandenburg i. M. Nr. 610.

Medizin, Geschichte der, von Dr. med. et phil. Paul Diepgen, Privatdozent für Geschichte der Medizin in Freiburg i. Br. **I:** Altertum. Nr. 679.

Meereskunde, Physische, von Prof. Dr. Gerhard Schott, Abteilungsvorsteher bei d. Deutschen Seewarte in Hamburg. Mit 39 Abbildungen im Text und 8 Tafeln. Nr. 112.

Meeresströmungen. Luft- u. Meeresströmungen v. Dr. Franz Schulze, Dir. d. Navigationsschule zu Lübeck. Mit 27 Abb. u. Tafeln. Nr. 551.

Meliorationen von Baurat Fauser in Ellwangen. 2 Bdchen. Mit vielen Fig. Nr. 691/92.

Menschliche Körper, Der, sein Bau u. seine Tätigkeiten von E. Rebmann, Oberschulrat in Karlsruhe. Mit Gesundheitslehre v. Dr. med. H. Seiler. Mit 47 Abb. u. 1 Tafel. Nr. 18.

Metallographie. Kurze, gemeinfaßliche Darstellung der Lehre von den Metallen u. ihren Legierungen unter besond. Berücksichtigung der Metallmikroskopie v. Prof. E. Heyn u. Prof. O. Bauer a. Kgl. Materialprüfungsamt (Gr.-Lichterfelde) d. K. Techn. Hochschule zu Berlin. **I:** Allgem. Teil. Mit 45 Abb. im Text und 5 Lichtbildern auf 3 Tafeln. Nr. 432.

— — **II:** Spez. Teil. Mit 49 Abbildungen im Text und 37 Lichtbildern auf 19 Tafeln. Nr. 433.

Metallurgie von Dr. August Geitz in Kristiansand (Norwegen). I. II. Mit 21 Figuren. Nr. 313, 314.

Meteore. Astronomie. Größe, Bewegung u. Entfernung der Himmelskörper von A. F. Möbius, neu bearbeitet von Dr. Herm. Kobold, Prof. a. d. Univ. Kiel. **II: Kometen,** Meteore u. das Sternensystem. Mit 15 Fig. u. 2 Sternkarten. Nr. 529.

Nibelunge Nôt, Der, in Auswahl und mittelhochdeutsche Grammatik mit kurzem Wörterb. v. Dr. W. Golther, Prof. an der Univ. Rostock. Nr. 1.

Nordamerikanische Literatur, Geschichte der, von Dr. Leon Kellner, Prof. an der Univ. Czernowitz. 2 Bdchen. Nr. 685/86.

Nordische Literaturgeschichte I: Die isländ. u. norweg. Literatur des Mittelalters v. Dr. Wolfg. Golther, Prof. an der Universität Rostock. Nr. 254.

Nutzpflanzen von Prof. Dr. J. Behrens, Vorst. d. Großherzogl landwirtschaftl. Versuchsanst. Augustenberg. Mit 53 Figuren. Nr. 123.

Öle. Die Fette u. Öle sowie d. Seifen- u. Kerzenfabrikation u. d. Harze, Lacke, Firnisse mit ihren wichtigsten Hilfsstoffen von Dr. Karl Braun in Berlin. I: Einführung in d. Chemie, Besprechung einiger Salze u. der Fette und Öle. Nr. 335.

Öle und Riechstoffe, Ätherische, von Dr. F. Rochussen in Miltitz. Mit 9 Abbildungen. Nr. 446.

Optik. Einführung in d. geometrische Optik von Dr. W. Hinrichs in Wilmersdorf-Berlin. Nr. 532.

Orientalische Literaturen. Die Literaturen des Orients von Dr. M. Haberlandt, Privatdoz. an d. Universität Wien. I: Die Literaturen Ostasiens und Indiens. Nr. 162.

— **II:** Die Literaturen der Perser, Semiten und Türken. Nr. 163.

— **Die christlichen Literaturen des Orients** von Dr. Ant. Baumstark. I: Einleitg. — Das christl.-aramäische u. d. kopt. Schrifttum. Nr. 527.

— — **II:** Das christlich-arabische und das äthiopische Schrifttum. — Das christliche Schrifttum der Armenier und Georgier. Nr. 528.

Ortsnamen im Deutschen, Die, ihre Entwicklung u. ihre Herkunft von Dr. Rudolf Kleinpaul in Leipzig-Gohlis. Nr. 573.

Ostafrika. Die deutschen Kolonien III: Ostafrika von Prof. Dr. K. Dove. Mit 16 Taf. u. 1 lithogr. Karte. Nr. 567.

Österreich. Österreichische Geschichte von Prof. Dr. Franz v Krones, neubearb. von Dr. Karl Uhlirz, Prof. a. d. Univ. Graz. I: Von d. Urzeit b. z. Tode König Albrechts II. (1439). Mit 11 Stammtaf. Nr. 104.

— — **II:** Vom Tode König Albrechts II. bis z. Westf. Frieden (1440—1648). Mit 3 Stammtafeln. Nr. 105.

— **Landeskunde v. Österreich-Ungarn** von Dr. Alfred Grund, Prof. an d. Universität Prag. Mit 10 Textillustrationen u. 1 Karte. Nr. 244.

Ovidius Naso, Die Metamorphosen des. In Auswahl mit einer Einleit. u. Anmerk. herausgeg. v. Dr. Jul. Ziehen in Frankfurt a. M. Nr. 442.

Pädagogik im Grundriß von Professor Dr. W. Rein, Direktor d. Pädagog. Seminars a. d. Univ. Jena. Nr. 12.

— **Geschichte der,** von Oberlehrer Dr. H. Weimer in Wiesbaden. Nr. 145.

Paläogeographie. Geolog. Geschichte der Meere und Festländer von Dr. Franz Kossmat in Wien. Mit 6 Karten. Nr. 406.

Paläoklimatologie von Dr. Wilh. R. Eckardt i. Weilburg (Lahn). Nr. 482.

Paläontologie von Dr. Rud. Hoernes, Professor an der Universität Graz. Mit 87 Abbildungen. Nr. 95.

— **und Abstammungslehre** von Dr. Karl Diener, Prof. an der Univers. Wien. Mit 9 Abbild. Nr. 460.

Palästina. Landes- und Volkskunde Palästinas von Lic. Dr. Gustav Hölscher in Halle. Mit 8 Vollbildern und 1 Karte. Nr. 345.

Parallelperspektive. Rechtwinklige u. schiefwinklige Axonometrie v. Prof. J. Vonderlinn in Münster. Mit 121 Figuren. Nr. 260.

Personennamen, Die deutschen, v. Dr. Rud. Kleinpaul in Leipzig. Nr. 422.

Peru. Die Cordillerenstaaten von Dr. Wilhelm Sievers, Prof. an der Universität Gießen. I: Einleitung, Bolivia und Peru. Mit 16 Tafeln u. 1 lith. Karte. Nr. 652.

Petrographie v. Dr. W. Bruhns, Prof. an der Bergakademie Clausthal. Mit 15 Abbildungen. Nr. 173.

Pflanze, Die, ihr Bau und ihr Leben von Prof. Dr. E. Dennert. Mit 96 Abbildungen. Nr. 44.

Pflanzenbaulehre. Ackerbau- und Pflanzenbaulehre von Dr. Paul Rippert in Essen u. Ernst Langenbeck in Groß-Lichterfelde. Nr. 232.

Pflanzenbiologie v. Dr. W. Migula, Professor an d. Forstakademie Eisenach. I: Allgemeine Biologie. Mit 43 Abbildungen. Nr. 127.

Pflanzenernährung. Agrikulturchemie I: Pflanzenernährung v. Dr. Karl Grauer. Nr. 329.

Pflanzengeographie von Professor Dr. Ludwig Diels in Marburg (Hessen). Nr. 389.

Pflanzenkrankheiten von Dr. Werner Friedr. Bruck, Privatdoz. i. Gießen. Mit 1 farb. Tafel und 45 Abbildgn. Nr. 310.

Pflanzenmorphologie. Morphologie u. Organographie d. Pflanzen von Prof. Dr. M. Nordhausen in Kiel. Mit 123 Abbildungen. Nr. 141.

Pflanzenphysiologie von Dr. Adolf Hansen, Prof. an der Universität Gießen. Mit 43 Abbild. Nr. 591.

Pflanzenreichs, Die Stämme des, von Privatdoz. Dr. Rob. Pilger, Kustos am Kgl. Botan. Garten in Berlin-Dahlem. Mit 22 Abb. Nr. 485.

Pflanzenwelt, Die, der Gewässer von Dr. W. Migula, Prof. a. d. Forstak. Eisenach. Mit 50 Abb. Nr. 158.

Pflanzenzellenlehre. Zellenlehre und Anatomie der Pflanzen von Prof. Dr. H. Miehe in Leipzig. Mit 79 Abbildungen. Nr. 556.

Pharmakognosie. Von Apotheker F. Schmitthenner, Assist. a. Botan. Institut d. Techn. Hochschule Karlsruhe. Nr. 251.

Pharmazeutische Chemie von Privatdozent Dr. E. Mannheim in Bonn. 4 Bändchen. Nr. 543/44, 588, 682.

Philologie, Geschichte d. klassischen, v. Dr. Wilh. Kroll, ord. Prof. a. d. Univ. Münster in Westf. Nr. 367.

Philosophie, Einführung in die, von Dr. Max Wentscher, Professor an der Universität Bonn. Nr. 281.

Philosophie, Geschichte d., IV: Neuere Philosophie bis Kant von Dr. B. Bauch, Professor an der Universität Jena. Nr. 394.

— — **V: Immanuel Kant** von Dr. Bruno Bauch, Professor an d. Universität Jena. Nr. 536.

Philosophie, Geschichte der, VI: Die Philosophie im ersten Drittel des 19. Jahrhunderts von Arthur Drews, Prof. der Philosophie an der Techn. Hochschule in Karlsruhe. Nr. 571.

— **Hauptprobleme der,** v. Dr. Georg Simmel, Professor an der Universität Berlin. Nr. 500.

— **Psychologie und Logik zur Einf. in d. Philosophie** von Prof. Dr. Th. Elsenhans. Mit 13 Fig. Nr. 14.

Photographie, Die. Von H. Keßler, Prof. an d. k. k. Graphischen Lehr- und Versuchsanstalt in Wien. Mit 3 Taf. und 42 Abbild. Nr. 94.

Physik, Theoretische, von Dr. Gustav Jäger, Prof. der Physik an der Techn. Hochschule in Wien. I. Teil: Mechanik und Akustik. Mit 24 Abbildungen. Nr. 76.

— — II. Teil: Licht u. Wärme. Mit 47 Abbildungen. Nr. 77.

— — III. Teil: Elektrizität u. Magnetismus. Mit 33 Abbild. Nr. 78.

— — IV. Teil: Elektromagnet. Lichttheorie und Elektronik. Mit 21 Fig. Nr. 374.

Physik, Geschichte, der, von Prof. A. Kistner in Wertheim a. M. I: Die Physik bis Newton. Mit 13 Fig. Nr. 293.

— — II: Die Physik von Newton bis z. Gegenwart. Mit 3 Fig. Nr. 294.

Physikalisch-Chemische Rechenaufgaben von Prof. Dr. R. Abegg und Privatdozent Dr. O. Sackur, beide an der Univ. Breslau. Nr. 445.

Physikalische Aufgabensammlung von G. Mahler, Prof. der Mathematik u. Physik am Gymnasium in Ulm. Mit den Resultaten. Nr. 243.

— **Formelsammlung** von G. Mahler, Professor am Gymnasium in Ulm. Mit 65 Figuren. Nr. 136.

— **Messungsmethoden** von Dr. Wilh. Bahrdt, Oberlehrer an der Oberrealschule in Groß-Lichterfelde. Mit 49 Figuren. Nr. 301.

— **Tabellen** v. Dr. A. Leick, Oberlehrer an der Comeniusschule zu Berlin-Schöneberg. Nr. 650.

Physiologische Chemie von Dr. med. A. Legahn in Berlin. I: Assimilation. Mit 2 Tafeln. Nr. 240.

— — **II: Dissimilation.** Mit 1 Taf. Nr. 241.

Physische Geographie von Dr. Siegm. Günther, Prof. an der Kgl. Techn. Hochschule in München. Mit 37 Abbildungen. Nr. 26.

Physische Meereskunde von Prof. Dr. Gerh. Schott, Abteilungsvorst. b. d. Deutsch. Seewarte in Hamburg. M. 39 Abb. im Text u. 8 Taf. Nr. 112.

Pilze, Die. Eine Einführung in die Kenntnis ihrer Formenreihen von Prof. Dr. G. Lindau in Berlin. Mit 10 Figurengruppen i. Text. Nr. 574.

Planetensystem. Astronomie (Größe, Bewegung u. Entfernung d. Himmelskörper) von A. F. Möbius, neu bearb. von Dr. Herm. Kobold, Prof. a. d. Univ. Kiel. **I: Das Planetensystem.** Mit 33 Abbild. Nr. 11.

Plankton, Das, des Meeres von Dr. G. Stiasny in Wien. Mit 83 Abbildungen. Nr. 675.

Plastik, Die, des Abendlandes von Dr. Hans Stegmann, Direktor des Bayer. Nationalmuseums in München. Mit 23 Tafeln. Nr. 116.

— **Die, seit Beginn des 19. Jahrhunderts** von A. Heilmeyer in München. Mit 41 Vollbildern. Nr. 321.

Plattdeutsche Mundarten von Dr. Hub. Grimme, Professor an der Universität Münster i. W. Nr. 461.

Poetik, Deutsche, v. Dr. K. Borinski, Prof. a. d. Univ. München. Nr. 40.

Polarlicht. Erdmagnetismus, Erdstrom u. Polarlicht von Dr. A. Nippoldt, Mitglied des Kgl. Preuß. Meteorolog. Instituts zu Potsdam. Mit 7 Taf. u. 16 Figuren. Nr. 175.

Polnische Geschichte von Dr. Clemens Brandenburger in Posen. Nr. 338.

Pommern. Landeskunde von Pommern von Dr. W. Deecke, Prof. an der Universität Freiburg i. B. Mit 10 Abb. und Karten im Text und 1 Karte in Lithographie. Nr. 575.

Portugiesische Geschichte v. Dr. Gustav Diercks in Berlin-Steglitz. Nr. 622.

Portugiesische Literaturgeschichte von Dr. Karl von Reinhardstoettner, Professor an der Kgl. Techn. Hochschule München. Nr. 213.

Posamentiererei. Textil-Industrie II: Weberei, Wirkerei, Posamentiererei, Spitzen- und Gardinenfabrikation und Filzfabrikation v. Prof. Max Gürtler, Geh. Regierungsrat im Kgl. Landesgewerbeamt zu Berlin. Mit 29 Fig. Nr. 185.

Postrecht von Dr. Alfred Wolcke, Postinspektor in Bonn. Nr. 425.

Preßluftwerkzeuge, Die, von Diplom-Ing. P. Iltis, Oberlehrer an der Kais. Techn. Schule in Straßburg. Mit 82 Figuren. Nr. 493.

Preußische Geschichte. Brandenburgisch-Preußische Geschichte v. Prof. Dr. M. Thamm, Direktor d. Kaiser Wilhelms-Gymnasiums in Montabaur. Nr. 600.

Preußisches Staatsrecht von Dr. Fritz Stier-Somlo, Prof. an der Univ. Bonn. 2 Teile. Nr. 298, 299.

Psychiatrie, Forensische, von Professor Dr. W. Weygandt, Dir. der Irrenanstalt Friedrichsberg in Hamburg. 2 Bändchen. Nr. 410 und 411.

Psychologie und Logik zur Einführung in d. Philosophie v. Prof. Dr. Th. Elsenhans. Mit 13 Fig. Nr. 14.

Psychophysik, Grundriß der, v. Prof. Dr. G. F. Lipps in Zürich. Mit 3 Figuren. Nr. 98.

Pumpen, Druckwasser- und Druckluft-Anlagen. Ein kurzer Überblick von Dipl.-Ing. Rudolf Vogdt, Regierungsbaumeister a. D. in Aachen. Mit 87 Abbildungen. Nr. 290.

Quellenkunde d. deutschen Geschichte von Dr. Carl Jacob, Prof. an der Universität Tübingen. 1. Band. Nr. 279.

Radioaktivität von Dipl.-Ing. Wilh. Frommel. Mit 21 Abbildungen. Nr. 317.

Rechnen, Das, in der Technik u. seine Hilfsmittel (Rechenschieber, Rechentafeln, Rechenmaschinen usw.) von Ing. Joh. Eug. Mayer in Freiburg i. Br. Mit 30 Abbild. Nr. 405.

— **Kaufmännisches,** von Professor Richard Just, Oberlehrer an der Öffentlichen Handelslehranstalt der Dresdener Kaufmannschaft. I. II. III. Nr. 139, 140, 187.

Recht des Bürgerlichen Gesetzbuchs. Erstes Buch: Allg. Teil. I: Einleitung — Lehre v. d. Personen u. v. d. Sachen v. Dr. P. Oertmann, Prof. a. d. Univ. Erlangen. Nr. 447.
— — II: Erwerb u. Verlust, Geltendmachung u. Schutz der Rechte von Dr. Paul Oertmann, Professor an der Universität Erlangen. Nr. 448.
— Zweites Buch: Schuldrecht. I. Abteilung: Allgemeine Lehren von Dr. Paul Oertmann, Professor an der Universität Erlangen. Nr. 323.
— — II Abt.: Die einzelnen Schuldverhältnisse v. Dr. Paul Oertmann, Prof. an der Universität Erlangen. Nr. 324.
— Drittes Buch: Sachenrecht von Dr. F. Kretzschmar, Oberlandesgerichtsrat in Dresden. I: Allgem. Lehren. Besitz und Eigentum. Nr. 480.
— — II: Begrenzte Rechte. Nr. 481.
— Viertes Buch: Familienrecht von Dr. Heinrich Titze, Professor an der Universität Göttingen. Nr. 305.
— Fünftes Buch: Erbrecht von Dr. Wilhelm von Blume, ord. Prof. der Rechte an der Universität Tübingen. I. Abteilung: Einleitung. — Die Grundlagen des Erbrechts. Nr 659.
— — II. Abteilung: Die Nachlaßbeteiligten. Mit 23 Figuren. Nr. 660.

Recht der Versicherungsunternehmungen, Das, von Regierungsrat a. D. Dr. jur. K. Leibl, erstem Direktor der Nürnberger Lebensversicherungsbank, früher Mitglied des Kaiserlichen Aufsichtsamts für Privatversicherung. Nr. 635.

Rechtsschutz, Der internationale gewerbliche, von J. Neuberg, Kaiserl. Regierungsrat, Mitglied d. Kaiserl. Patentamts zu Berlin. Nr. 271.

Rechtswissenschaft, Einführung in die, von Dr. Theodor Sternberg in Berlin. I: Methoden- und Quellenlehre. Nr. 169.
— — II: Das System. Nr. 170.

Redelehre, Deutsche, v. Hans Probst, Gymnasialprof. in Bamberg. Nr. 61.

Redeschrift siehe: Stenographie.

Reichsfinanzen, Die Entwicklung der, von Präsident Dr. R. van der Borght in Berlin. Nr. 427.

Religion, Die Entwicklung der christlichen, innerhalb des Neuen Testaments von Professor Dr. Lic. Carl Clemen. Nr. 388.

Religion, Die, des Judentums im Zeitalter des Hellenismus u. der Römerherrschaft von Lic. Dr. W. Staerk (Neutestamentliche Zeitgeschichte II.) Mit einer Planskizze. Nr. 326.

Religionen der Naturvölker, Die, von Dr. Th. Achelis, Professor in Bremen. Nr. 449.

Religionswissenschaft, Abriß der vergleichenden, von Professor Dr. Th. Achelis in Bremen. Nr. 208.

Renaissance. Die Kultur der Renaissance. Gesittung, Forschung, Dichtung v. Dr. Robert F. Arnold, Prof. an der Universität Wien. Nr. 189.

Reptilien. Das Tierreich III: Reptilien und Amphibien. Von Dr. Franz Werner, Prof. a. d. Univers. Wien. Mit 48 Abb. Nr. 383.

Rheinprovinz, Landeskunde der, von Dr. V. Steinecke, Direktor d. Realgymnasiums in Essen. Mit 9 Abb., 3 Kärtchen und 1 Karte. Nr. 308.

Riechstoffe. Ätherische Öle und Riechstoffe von Dr F. Rochussen in Miltitz. Mit 9 Abb. Nr. 446.

Roman. Geschichte des deutschen Romans von Dr. Hellm. Mielke. Nr. 229.

Romanische Sprachwissenschaft von Dr. Adolf Zauner, Prof. a. d. Univ. Graz. 2 Bände. Nr. 128, 250.

Römische Altertumskunde von Dr. Leo Bloch in Wien. Mit 8 Vollbildern. Nr. 45.

Römische Geschichte von Realgymnasial-Direktor Dr. Jul. Koch in Grunewald 2 Bdchn. (I: Königszeit und Republik. II: Die Kaiserzeit bis zum Untergang des Weströmischen Reiches.) Nr. 19 u. 677.

Römische Literaturgeschichte von Dr. Herm. Joachim in Hamburg. Nr. 52.

Römische und griechische Mythologie von Professor Dr. Hermann Steuding, Rektor des Gymnasiums in Schneeberg. Nr. 27.

Schreiner-Arbeiten. Tischler- (Schreiner-) Arbeiten I: Materialien, Handwerkszeuge, Maschinen, Einzelverbindungen, Fußböden, Fenster, Fensterladen, Treppen, Aborte von Prof. E. Viehweger, Architekt in Köln. Mit 628 Fig. auf 75 Tafeln. Nr. 502.

Schuldrecht. Recht des Bürgerl. Gesetzbuches. Zweites Buch: Schuldrecht. I. Abteilung: Allgemeine Lehren von Dr. Paul Oertmann, Prof. a. d. Univ. Erlangen. Nr. 323.

— — II. Abteilung: Die einzelnen Schuldverhältnisse von Dr. Paul Oertmann, Professor a. d. Universität Erlangen. Nr. 324.

Schule, die deutsche, im Auslande von Hans Amrhein, Seminar-Oberlehrer in Rheydt. Nr. 259.

Schulhaus. Die Baukunst des Schulhauses von Prof. Dr.-Ing. Ernst Vetterlein in Darmstadt. I: Das Schulhaus. Mit 38 Abbild. II: Die Schulräume — Die Nebenanlagen. Mit 31 Abbild. Nr. 443 und 444.

Schulpraxis. Methodik der Volksschule von Dr. R. Seyfert, Seminardirektor in Zschopau. Nr. 50.

Schweiß- und Schneidverfahren, Das autogene, von Ingenieur Hans Niese in Kiel. Mit 30 Fig. Nr. 499.

Schweiz. Schweizerische Geschichte von Dr. K. Dändliker, Professor an der Universität Zürich. Nr. 188.

— **Landeskunde der Schweiz** von Prof. Dr. H. Walser in Bern. Mit 16 Abb. und 1 Karte. Nr. 398.

Schwimmanstalten. Öffentl. Bade- und Schwimmanstalten von Dr. Karl Wolff, Stadt-Oberbaurat in Hannover. Mit 50 Fig. Nr. 380.

Seemacht, Die, in der deutschen Geschichte von Wirkl. Admiralitätsrat Dr. Ernst von Halle, Professor an der Universität Berlin. Nr. 370.

Seerecht, Das deutsche, von Dr. Otto Brandis, Oberlandesgerichtsrat in Hamburg. I: Allgemeine Lehren: Personen und Sachen des Seerechts. Nr. 386.

— — II: Die einzelnen seerechtlichen Schuldverhältnisse: Verträge des Seerechts und außervertragliche Haftung. Nr. 387.

Seifenfabrikation, Die, die Seifenanalyse und d. Kerzenfabrikation v. Dr. Karl Braun in Berlin. (Die Fette u. Öle II.) Mit 25 Abbildgn. Nr. 336.

Semitische Sprachwissenschaft von Dr. C. Brockelmann, Professor an der Univers. Königsberg. Nr. 291.

Serbokroatische Grammatik von Dr. Vladimir Ćorović, Bibliothekar des bosn.-herzegow. Landesmuseums in Sarajevo (Bosnien). Nr. 638.

Serbokroatisches Lesebuch mit Glossar von Dr. Vladimir Ćorović, Bibliothekar des bosn.-herzegow. Landesmuseums i. Sarajevo (Bosn.). Nr. 639.

Serbokroatisch-deutsches Gesprächsbuch von Dr. Vladimir Ćorović, Bibliothekar des bosn.-herzegow. Landesmuseums i. Sarajevo (Bosn.). Nr. 640.

Silikate. Industrie der Silikate, der künstlichen Bausteine und des Mörtels von Dr. Gustav Rauter in Charlottenburg. I: Glas u. keramische Industrie. M. 12 Taf. Nr. 233.

— — II: Die Industrie der künstlichen Bausteine und des Mörtels. Mit 12 Tafeln. Nr. 234.

Simplicius Simplicissimus von Hans Jakob Christoffel v. Grimmelshausen. In Auswahl herausgeg. von Prof. Dr. F. Bobertag, Dozent an der Universität Breslau. Nr. 138.

Skandinavien, Landeskunde von, (Schweden, Norwegen u. Dänemark) von Heinrich Kerp, Kreisschulinspektor in Kreuzburg. Mit 11 Abb. und 1 Karte. Nr. 202.

Slavische Literaturgeschichte von Dr. Josef Karásek in Wien. I: Ältere Literatur bis zur Wiedergeburt. Nr. 277.

— — II: Das 19. Jahrh. Nr. 278.

Soziale Frage. Die Entwicklung der sozialen Frage von Professor Dr. Ferdin. Tönnies. Nr. 353.

Sozialversicherung von Prof. Dr. Alfred Manes in Berlin. Nr. 267.

Soziologie von Prof. Dr. Thomas Achelis in Bremen. Nr. 101.

Spalt- und Schleimpilze. Eine Einführung in ihre Kenntnis von Prof. Dr. Gustav Lindau, Kustos am Kgl. Botanischen Museum und Privatdozent der Botanik an der Universität Berlin. Mit 11 Abbildungen. Nr. 642.

Sternsystem. Astronomie. Größe, Bewegung u. Entfernung d. **Himmelskörper** v. A. F. Möbius, neu bearb. v. Dr. Herm. Kobold, Prof. a. d. Univers. Kiel. **II: Kometen, Meteore u. das Sternsystem.** Mit 15 Fig. u. 2 Sternkarten. Nr. 529.

Steuersysteme des Auslandes, Die, v. Geh. Oberfinanzrat O. Schwarz in Berlin. Nr. 426.

Stilkunde v. Prof. Karl Otto Hartmann in Stuttgart. Mit 7 Vollbild. u. 195 Textillustrationen. Nr. 80.

Stöchiometrische Aufgabensammlung von Dr. Wilh. Bahrdt, Oberl. an d. Oberrealschule in Groß-Lichterfelde. Mit den Resultaten. Nr. 452.

Straßenbahnen von Dipl.-Ing. Aug. Boshart in Nürnberg. Mit 72 Abbildungen. Nr. 559.

Strategie von Löffler, Major im Kgl. Sächs. Kriegsmin. i. Dresd. Nr. 505.

Ströme und Spannungen in Starkstromnetzen v. Jos. Herzog, Dipl.-Elektroing. in Budapest u. Clarence Feldmann, Prof. d. Elektotechnik in Delft. Mit 68 Abb. Nr. 456.

Südamerika. Geschichte Südamerikas von Dr. Hermann Lufft. **I:** Das spanische Südamerika (Chile, Argentinien und die kleineren Staaten). Nr. 632.

— — **II:** Das portugiesische Südamerika (Brasilien). Nr. 672.

Südseegebiet. Die deutschen Kolonien II: Das Südseegebiet und Kiautschou v. Prof. Dr. K. Dove. M. 16 Taf. u. 1 lith. Karte. Nr. 520.

Talmud. Die Entstehung des Talmuds von Dr. S. Funk in Boskowitz. Nr. 479.

Talmudproben von Dr. S. Funk in Boskowitz. Nr. 583.

Technisch-Chemische Analyse von Dr. G. Lunge, Prof. a. d. Eidgenöss. Polytechn. Schule in Zürich. Mit 16 Abbildungen. Nr. 195.

Technische Tabellen und Formeln von Dr.-Ing. W. Müller, Dipl.-Ing. am Kgl. Materialprüfungsamt zu Groß-Lichterfelde. Mit 106 Figuren. Nr. 579.

Technisches Wörterbuch, enthaltend die wichtigsten Ausdrücke d. Maschinenbaues, Schiffbaues u. d. Elektrotechnik von Erich Krebs in Berlin.
I. Teil: Dtsch.-Engl. Nr. 395.

Technisches Wörterbuch, enthaltend die wichtigsten Ausdrücke des Maschinenbaues, Schiffbaues und der Elektrotechnik von Erich Krebs in Berlin.
II. Teil: Engl.-Dtsch. Nr. 396.

— — III. Teil: Dtsch.-Franz. Nr. 453.

— — IV. Teil: Franz.-Dtsch. Nr. 454.

Technologie, Allgemeine chemische, v. Dr. Gust. Rauter in Charlottenburg. Nr. 113.

— **Mechanische,** v. Geh. Hofrat Prof. A. Lüdicke in Braunschweig. Nr. 340, 341.

Teerfarbstoffe, Die, mit bes. Berücksichtig. der synthetisch. Methoden v. Dr. Hans Bucherer, Prof. a. d. Kgl. Techn. Hochschule, Dresd. Nr. 214.

Telegraphenrecht v. Postinspektor Dr. jur. Alfred Wolcke in Bonn. **I:** Einleitung. Geschichtliche Entwicklung. Die Stellung d. deutsch. Telegraphenwesens im öffentl. Rechte, allgemeiner Teil. Nr. 509.

— — **II:** Die Stellung d. deutsch. Telegraphenwesens im öffentl. Rechte, besonderer Teil. Das Telegraphen-Strafrecht. Rechtsverhältnis d. Telegraphie z. Publikum. Nr. 510.

Telegraphie, Die elektrische, v. Dr. Lud. Rellstab. Mit 19 Fig. Nr. 172.

Testament. Die Entstehung des Alten Testaments v. Lic. Dr. W. Staerk, Prof. a. d. Univ. Jena. Nr. 272.

— **Die Entstehung des Neuen Testaments** v. Prof. Lic. Dr. Carl Clemen in Bonn. Nr. 285.

Textilindustrie. I: Spinnerei und Zwirnerei v. Prof. Max Gürtler, Geh. Reg.-Rat im Kgl. Landesgewerbeamt, Berlin. M. 9 Fig. Nr. 184.

— **II: Weberei, Wirkerei, Posamentiererei, Spitzen- und Gardinenfabrikation und Filzfabrikation** v. Prof. M. Gürtler, Geh. Regierungsrat i. Kgl. Landesgewerbeamt zu Berlin. M. 29 Fig. Nr. 185.

— **III: Wäscherei, Bleicherei, Färberei und ihre Hilfsstoffe** von Dr. Wilh. Massot, Prof. a. d. Preuß. höheren Fachschule f. Textilindustr. in Krefeld. Mit 28 Fig. Nr. 186.

Textiltechnische Untersuchungsmethoden von Dr. Wilhelm Massot, Professor an der Färberei- u. Appreturschule Krefeld. **I: Die Mikroskopie der Textilmaterialien.** Mit 92 Figuren. Nr. 673.

Untersuchungsmethoden, Agrikulturchemische, von Professor Dr. Emil Haselhoff, Vorsteher der landwirtschaftlichen Versuchsstation in Marburg in Hessen. Nr. 470.

Urgeschichte der Menschheit von Dr. Moritz Hoernes, Professor an der Univ. Wien. Mit 85 Abb. Nr. 42.

Urheberrecht, Das, an Werken der Literatur und der Tonkunst, das Verlagsrecht und das Urheberrecht an Werken d. bildenden Künste u. Photographie v. Staatsanw. Dr. J. Schlittgen in Chemnitz. Nr. 361.

Urheberrecht, Das deutsche, an literarischen, künstlerischen u. gewerbl. Schöpfungen, mit besonderer Berücksichtigung der internationalen Verträge von Dr. Gustav Rauter, Patentanwalt in Charlottenburg. Nr. 263.

Urzeit. Kultur der Urzeit von Dr. Moritz Hoernes, o. ö. Prof. an der Univ. Wien. 3 Bändch. I: Steinzeit. Mit 40 Bildergrupp. Nr. 564.

— — II: Bronzezeit. Mit 36 Bildergruppen. Nr. 565.

— — III: Eisenzeit. Mit 35 Bildergruppen. Nr. 566.

Vektoranalysis von Dr. Siegfr. Valentiner, Prof. an der Bergakademie in Clausthal. Mit 16 Fig. Nr. 354.

Venezuela. Die Cordillerenstaaten von Dr. Wilhelm Sievers, Prof. an der Universität Gießen. II: Ecuador, Colombia u. Venezuela. Mit 16 Taf. u. 1 lithogr. Karte. Nr. 653.

Veranschlagen, Das, im Hochbau. Kurzgefaßtes Handbuch üb. d. Wesen d. Kostenanschlags v. Architekt Emil Beutinger, Assistent an der Technischen Hochschule in Darmstadt. Mit vielen Fig. Nr. 385.

Vereinigte Staaten. Landeskunde der Vereinigten Staaten von Nordamerika von Professor Heinrich Fischer, Oberlehrer am Luisenstädt. Realgymnasium in Berlin. I. Teil: Mit 22 Karten und Figuren im Text und 14 Tafeln. Nr. 381.

— — II. Teil: Mit 3 Karten im Text, 17 Tafeln u. 1 lith. Karte. Nr. 382.

Vergil. Die Gedichte des P. Vergilius Maro. In Auswahl mit einer Einleitung u. Anmerkungen herausgeg. von Dr. Julius Ziehen. I: Einleitung und Aeneis. Nr. 497.

Vermessungskunde von Dipl.-Ing. P. Werkmeister, Oberlehrer an der Kais. Techn. Schule in Straßburg i. E. I: Feldmessen und Nivellieren. Mit 146 Abb. Nr. 468.

— — II: Der Theodolit. Trigonometrische u. barometr. Höhenmessung. Tachymetrie. Mit 109 Abbildungen. Nr. 469.

Versicherungsmathematik von Dr. Alfred Loewy, Professor an der Universität Freiburg i. B. Nr. 180.

Versicherungswesen, Das, von Dr. iur. Paul Moldenhauer, Professor der Versicherungswissenschaft an der Handelshochschule Köln. I: Allgemeine Versicherungslehre. Nr. 262.

— — II: Die einzelnen Versicherungszweige. Nr. 636.

Völkerkunde v. Dr. Michael Haberlandt, k. u. k. Kustos d. ethnogr. Sammlung d. naturhist. Hofmuseums u. Privatdozent a. d. Univ. Wien. Mit 56 Abbild. Nr. 73.

Völkernamen. Länder- u. Völkernamen von Dr. Rudolf Kleinpaul in Leipzig. Nr. 478.

Volksbibliotheken (Bücher- u. Lesehallen), ihre Einrichtung u. Verwaltung v. Emil Jaeschke, Stadtbibliothekar in Elberfeld. Nr. 332.

Volkslied, Das deutsche, ausgewählt und erläutert von Prof. Dr. Jul. Sahr. 2 Bändchen. Nr. 25, 132.

Volkswirtschaftslehre von Dr. Carl Johs. Fuchs, Professor an der Universität Tübingen. Nr. 133.

Volkswirtschaftspolitik v. Präsident Dr. R. van der Borght, Berlin. Nr. 177.

Waffen, Die blanken, und die Schutzwaffen, ihre Entwicklung von der Zeit der Landsknechte bis zur Gegenwart m. besonderer Berücksichtigung der Waffen in Deutschland, Österreich-Ungarn und Frankreich von W. Gohlke, Feuerwerks-Major a. D. in Berlin-Steglitz. Mit 115 Abbildungen. Nr. 631.

Wahrscheinlichkeitsrechnung von Dr. Franz Hack, Professor am Eberhard-Ludwigs-Gymnasium in Stuttgart. Mit 15 Fig. im Text. Nr. 508.

Waldeck. Landeskunde des Großherzogtums Hessen, der Provinz Hessen-Nassau und des Fürstentums Waldeck von Professor Dr. Georg Greim in Darmstadt. Mit 13 Abbildungen und 1 Karte. Nr. 376.

Waltharilied, Das, im Versmaße der Urschrift übersetzt u. erläutert von Prof. Dr. H. Althof, Oberlehrer am Realgymnas. in Weimar. Nr. 46.

Walther von der Vogelweide, mit Auswahl a. Minnesang u. Spruchdichtung. Mit Anmerkgn. u. einem Wörterbuch v. Otto Güntter, Prof. a. d. Oberrealschule und an der Techn. Hochsch. in Stuttgart. Nr. 23.

Walzwerke. Die, Einrichtung und Betrieb. Von Dipl.-Ing. A. Holverscheid, Oberlehrer a. d. Kgl. Maschinenbau- u. Hüttenschule in Duisburg. Mit 151 Abbild. Nr. 580.

Warenhäuser. Geschäfts- u. Warenhäuser von Hans Schliepmann, Königl. Baurat in Berlin. **I:** Vom Laden zum „Grand Magasin". Mit 23 Abbildungen. Nr. 655.

— — **II:** Die weitere Entwickelung der Kaufhäuser. Mit 39 Abbildungen. Nr. 656.

Warenkunde von Dr. Karl Hassack, Prof. u. Leiter der k. k. Handelsakademie in Graz. **I. Teil:** Unorganische Waren. M. 40 Abb. Nr. 222.

— — **II. Teil:** Organische Waren. Mit 36 Abbildungen. Nr. 223.

Warenzeichenrecht, Das. Nach dem Gesetz z. Schutz d. Warenbezeichnungen v. 12. Mai 1894. Von Reg.-Rat J. Neuberg, Mitglied des Kais. Patentamts zu Berlin. Nr. 360.

Wärme. Theoretische Physik II. T.: Licht u. Wärme. Von Dr. Gustav Jäger, Prof. a. d. Techn. Hochschule Wien. Mit 47 Abbildgn. Nr. 77.

Wärmekraftmaschinen. Die thermodynamischen Grundlagen der Wärmekraft- u. Kältemaschinen von M. Röttinger, Diplom-Ing. in Mannheim. Mit 73 Figuren. Nr. 2.

Wärmelehre, Technische, (Thermodynamik) v. K. Walther u. M. Röttinger, Dipl.-Ing. Mit 54 Figuren. Nr. 242.

Wäscherei. Textilindustrie III: Wäscherei, Bleicherei, Färberei und ihre Hilfsstoffe von Dr. Wilh. Massot, Prof. an der Preuß. höh. Fachschule für Textilindustrie in Krefeld. Mit 28 Figuren. Nr. 186.

Wasser, Das, und seine Verwendung in Industrie und Gewerbe v. Dr. Ernst Leher, Dipl.-Ing. in Saalfeld. Mit 15 Abbildungen. Nr. 261.

Wasser und Abwässer. Ihre Zusammensetzung, Beurteilung u. Untersuchung v. Prof. Dr. Emil Haselhoff, Vorst. d. landwirtsch. Versuchsstation in Marburg in Hessen. Nr. 473.

Wasserinstallationen. Gas- und Wasserinstallationen mit Einschluß der Abortanlagen v. Prof. Dr. phil. u. Dr.-Ing. Eduard Schmitt in Darmstadt. Mit 119 Abbild. Nr. 412.

Wasserkraftanlagen von Th. Rümelin, Regierungsbaumeister a. D., Oberingenieur in Dresden. **I:** Beschreibung. Mit 66 Figuren. Nr. 665.

— — **II:** Gewinnung der Wasserkraft. Mit 35 Figuren. Nr. 666.

— — **III:** Bau und Betrieb. Mit 56 Figuren. Nr. 667.

Wasserturbinen, Die, von Dipl.-Ing. P. Holl in Berlin. **I:** Allgemeines. Die Freistrahlturbinen. Mit 113 Abbildungen. Nr. 541.

— — **II:** Die Überdruckturbinen. Die Wasserkraftanlagen. Mit 102 Abbildungen. Nr. 542.

Wasserversorgung der Ortschaften v. Dr.-Ing. Robert Weyrauch, Prof. an der Kgl. Technischen Hochschule Stuttgart. Mit 85 Fig. Nr. 5.

Weberei. Textilindustrie II: Weberei, Wirkerei, Posamentiererei, Spitzen- u. Gardinenfabrikation und Filzfabrikation von Prof. Max Gürtler, Geh. Regierungsrat im Königl. Landesgewerbeamt zu Berlin. Mit 29 Figuren. Nr. 185.

Wechselstromerzeuger von Ing. Karl Pichelmayer, Prof. an der k. k. Technischen Hochschule in Wien. Mit 40 Figuren. Nr. 547.

Wechselwesen, Das, v. Rechtsanw. Dr. Rudolf Mothes in Leipzig. Nr. 103.

Wehrverfassung, Deutsche, von Geh. Kriegsrat Karl Endres, vortr. Rat i. Kriegsminist. i. München. Nr. 401.

Zentral-Perspektive von Architekt Hans Freyberger, neu bearbeitet von Professor J. Vonderlinn, Direktor der Königl. Baugewerkschule in Münster i. Westf. Mit 132 Fig. Nr. 57.

Zimmerarbeiten von Carl Opitz, Oberlehrer an der Kais. Techn. Schule in Straßburg i. E. I: Allgemeines, Balkenlagen, Zwischendecken und Deckenbildungen, hölz. Fußböden, Fachwerkswände, Hänge- und Sprengwerke. Mit 169 Abbildungen. Nr. 489.

— — II: Dächer, Wandbekleidungen, Simsschalungen, Block-, Bohlen- und Bretterwände, Zäune, Türen, Tore, Tribünen und Baugerüste. Mit 167 Abbildungen. Nr. 490.

Zivilprozeßrecht, Deutsches, von Prof. Dr. Wilhelm Kisch in Straßburg i. E. 3 Bände. Nr. 428—430.

Zoologie, Geschichte der, von Prof. Dr. Rud. Burckhardt. Nr. 357.

Zündwaren von Direktor Dr. Alfons Bujard, Vorst. des Städt. Chem. Laboratoriums Stuttgart. Nr. 109.

Zwangsversteigerung, Die, und die Zwangsverwaltung von Dr. F. Kretzschmar, Oberlandesgerichtsrat in Dresden. Nr. 523.

Zwirnerei. Textilindustrie I: Spinnerei und Zwirnerei von Prof. Max Gürtler, Geh. Regierungsrat im Königlichen Landesgewerbeamt zu Berlin. Mit 39 Fig. Nr. 184.

== Weitere Bände sind in Vorbereitung. ==

Kolibri 360 GmbH
Ferdinand-Jühlke-Straße 7
99095 Erfurt, Deutschland
produktsicherheit@kolibri360.de